CÓMO GANARSE LA VIDA CON LA MÚSICA

David Little

CÓMO GANARSE LA VIDA CON LA MÚSICA

MA
NON
TROPPO

© 2016, David Little

© 2016, Redbook Ediciones, s. l., Barcelona.

Diseño de cubierta: Regina Richling

Diseño interior: Amanda Martínez

ISBN: 978-84- 15256-96- 0
Depósito legal: B -12.104- 2016

Impreso por Sagrafic, Plaza Urquinaona, 14 7º 3ª, 08010 Barcelona

Impreso en España - *Printed in Spain*

Para Mark y Lucía.

ÍNDICE

INTRODUCCIÓN

A ti, que te enamoraste de la música aunque a veces duela, va dirigido este manual de supervivencia. Espero que sea de utilidad para ayudarte a forjar tu propio camino en el difícil pero apasionante negocio de la música. En él encontrarás información acerca de cómo funcionan realmente la promoción musical, la distribución digital, la contratación de conciertos, los líderes de opinión, el mercado de la música grabada, los departamentos de A&R, el merchandising, la propiedad intelectual y la docencia musical.

¿Es posible vivir de la música sin morir en el intento? En mi doble vocación de músico y periodista me he hecho esa misma pregunta cientos de veces. Pero sobre todo se la he hecho a los demás. He descubierto que la respuesta es sencilla y a la vez compleja. Sí se puede, pero desde luego no es un camino de rosas.

A lo largo de los años he podido conocer a un buen número de personas que de alguna forma u otra dedican su vida a este negocio: mánagers, programadores de sala, críticos musicales, ingenieros de sonido, productores discográficos, editores, responsables de promoción musical. Y músicos, sobre todo músicos.

Muchos de ellos, aun sin saberlo, son auténticos expertos del marketing. Algunos tienen un olfato muy afilado para las relaciones públicas, tanto cuando las cosas van viento en popa como cuando la piedras en el camino lo hacen todo un poco más difícil (lo que en este mundillo suele ser lo más habitual). La mayoría poseen una personalidad positiva que los hacen ser verdaderos genios del arte de venderse. Es en estos casos cuando es inevitable preguntar: ¿cómo diablos lo hacéis?

Intentar descubrir cuál es la respuesta a esta pregunta me ha llevado a investigar con profundidad el marketing musical, a trabajar en el negocio desde el lado de la promoción musical, a escribir sobre el tema mientras intercalaba todos aquellos trabajos con mi pasión más intensa, aquella de la que no podría prescindir ni aunque quisiera, que no es otra que la música. Lo más maravilloso del asunto es que no hay ninguna respuesta absoluta. En el negocio de la música no hay una serie de mandamientos ineludibles. Cada uno debe encontrar cuál es su camino. Porque la personalidad de cada músico es única y los ámbitos donde una persona puede ganarse la vida con la música son extremadamente variopintos: docencia musical, composición, grupos de versiones, proyectos de repertorio originales, músicos clásicos, músicos de jazz y un larguísimo etcétera. Las posibilidades son abrumadoras.

Después de largas conversaciones con personas que viven y sobreviven en el negocio musical, he descubierto que la diversificación es muy necesaria. Son muy pocos los que colocan los todos los huevos en la misma cesta. Pero lo que sin duda les identifica a todos y cada uno de ellos es que, a la hora de la verdad, nunca pierden el norte. Es en los momentos de excesiva autocrítica, esos momentos de desesperación que todo músico atraviesa varias veces, cuando nunca hay que olvidar cuál fue el motivo original que nos impulsó a expresarnos con la música, a componer, a sumergirnos en el aprendizaje de un instrumento musical, a realizar nuestros primeros conciertos, a entrar en el estudio de grabación.

Hemos querido elaborar un manual práctico, sencillo, con las ideas claras, huyendo de mitos y verdades aprendidas, utilizando un lenguaje transparente que evite tecnicismos de mercadotecnia que a menudo desvirtúan la realidad. Esta es una guía para descubrir en qué consiste realmente el marketing musical, qué contenidos y herramientas son los que mejor funcionan, cómo distribuir y promocionar nuestra música en el entorno online, cómo se las ingenian artistas y mánagers a la hora de contratar actuaciones, cuáles son los parámetros básicos de la gestión de derechos de autor, cuál es la realidad del mercado digital actual, cómo enfocar tu carrera a la docencia musical, a la composición o a la interpretación. En definitiva, este un libro para saber cuáles son las principales vías de ingresos del músico de a pie y como darnos a conocer como profesionales de la música.

TOMANDO LAS RIENDAS DE TU CARRERA MUSICAL

El negocio musical ha cambiado radicalmente. En plena era digital se crea, se graba y se consume más música que nunca. El oficio se ha adaptado a los profundos cambios en un sector donde la autoproducción está a la orden del día. Al fin y al cabo quienes se dedican profesionalmente a este arte milenario han sido siempre unos supervivientes. En este primer capítulo analizamos a modo introductorio aquellas facetas que toda persona que quiera dedicar su vida a la música ha de asumir para tomar las riendas de su carrera.

Los tiempos han cambiado

A veces es necesario echar la vista hacia atrás para darnos cuenta de cómo han evolucionado los hábitos culturales en los últimos años. La revolución digital ha sido implacable. Estamos asistiendo en vivo y en directo a una nueva forma de informarnos, de consumir cultura, de comunicarnos los unos con los otros.

Estos cambios han afectado de forma especial al negocio de la música en su conjunto, que ha conocido una transformación radical e imparable con el cambio de siglo. ¿Pero hasta dónde llega esta fascinante metamorfosis?

▶ Los nuevos hábitos de consumo han cambiado nuestra manera de escuchar música.

▶ La música se consume mayoritariamente en soporte digital e intangible.

▶ Producir y grabar es mucho más barato que antes.

▶ Las principales ventanas de distribución están en la red.

▶ Internet se ha consolidado como canal estructural para la promoción musical.

▶ La saturación en la oferta de propuestas musicales es más elevada que nunca.

▶ Las empresas musicales tienden cada vez más a un modelo de 360 grados.

▶ La autoproducción se ha consolidado como modalidad de trabajo frecuente.

Tenemos la suerte de vivir en una era en la que grabar música y promocionar nuestra carrera es muchísimo más accesible que nunca. Esto era algo inimaginable hace tan solo algunos años, cuando grabar un disco en un estudio de grabación profesional y promocionarlo era un sueño al alcance de tan solo algunos privilegiados. Pero, como veremos a lo largo de este libro, tomar las riendas de nuestra carrera es una labor que requiere inversión de tiempo, esfuerzo, dinero y constancia.

Las distintas funciones del negocio musical

El oficio del músico siempre ha estado definido por la diversificación como método de supervivencia. Aquellas personas que se ganan la vida íntegramente gracias a la música, lo hacen a base de abarcar distintas facetas: música en vivo, docencia musical, grabaciones y composición, principalmente.

Por esta razón, en un sector donde la autogestión es la pauta a seguir, resulta del todo imprescindible conocer en qué consisten las áreas estructurales que definen el negocio. Ya se quiera uno dedicar a la música en directo, a la música grabada, a la autoría de obras musicales e incluso a la docencia, un músico debe tener nociones básicas acerca de cómo funcionan estos elementos. Esto nos ayudará a evitar decepciones a la hora de autogestionar nuestra carrera, firmar un contrato o delegar alguna de estas funciones a terceros.

Autoproducción, abarcando distintas tareas

El negocio de la música tiene numerosas facetas extramusicales que en un entorno dominado por la autoproducción deben ser asumidas por los propios músicos. Aunque estas tareas siempre son susceptibles de ser delegadas si las condiciones lo permiten, a lo largo de nuestra carrera musical será muy frecuente que nos veamos obligados a asumir todos los riesgos y costes para seguir avanzando.

Esta no es una característica única de nuestra época, pues el músico de a pie siempre ha tenido que invertir buena parte de su tiempo a este tipo de cuestiones. Incluso aquellos que cuentan con el respaldo de una agencia que apuesta por su talento, también se ven obligados a dedicar parte de su atención a lo que podríamos definir como trabajo de oficina (llamadas de teléfono, emails, gestión de redes sociales, actualización de base de datos, entre muchas otras tareas).

El trabajo extramusical que tantas energías puede consumir emerge directamente de las áreas estructurales del negocio musical. Si queremos tomar las riendas de nuestra carrera, es de vital importancia que aprendamos a diferenciar cuáles son estas áreas y saber qué función cumplen en el entramado del negocio. Saber esto nos será útil no sólo para asumirlas nosotros mismos, sino también para poder ponerlas en manos de terceras personas con conocimiento de causa en un futuro.

Management

Un mánager actúa en representación del artista y le orienta a la hora de desarrollar su carrera. Su trabajo tiene componentes comerciales, de intermediación y de relaciones públicas.

Y ¿Por qué es importante? Conocer a qué se dedica un mánager es vital para sobrevivir en el negocio de la música. Ya seas intérprete, autor o tu carrera esté más bien orientada a la docencia musical, lo lógico es que al menos en un principio tú seas el principal representante y gestor de tu carrera. El management está muy ligado a la música en directo, al ser la contratación de actuaciones una de sus facetas más reconocibles. En el capítulo 5 podrás encontrar más información sobre este tema.

Producción musical discográfica

La principal función de la producción musical discográfica es la financiación de la carrera de un artista. El productor discográfico de un proyecto musical es el responsable de gestionar e invertir en producción de contenidos, grabaciones, marketing y distribución. Tradicionalmente este papel lo ha cumplido la industria discográfica, aunque ahora es muy frecuente que sean los propios músicos quienes financian ciertos aspectos de su carrera, cuando no la totalidad de la misma. El productor es quien asume los mayores riesgos económicos y su objetivo es obtener beneficios (al menos a largo plazo).

Es necesario diferenciar la producción musical discográfica de la figura del productor musical de una grabación, también llamado productor musical artístico. George Martin, Brian Eno y Quincy Jones son productores musicales artísticos. Sony Music Entertainment, Universal Music o Subterfuge Records son empresas dedicadas a la producción musical discográfica.

Y ¿Por qué es importante? Siempre es imprescindible una inversión económica para lanzar la carrera de un artista. En el terreno de la autoproducción es el propio músico quien realiza esta inversión y asume este riesgo. Si nadie apuesta por tu carrera lo lógico es que seas tú quien asuma las riendas. Ya seas instrumentista clásico, tengas una banda de rock con canciones originales, o te dediques a tocar versiones en bodas, bautizos y comuniones, la inversión de tiempo, dinero y esfuerzo es necesaria. Profundizaremos en este tema en el capítulo 7.

Edición musical

La edición musical está estrechamente ligada a la figura del compositor y a la los derechos de explotación de una obra. Los editores musicales gestionan el desarrollo de la carrera de un autor y persiguen la difusión de sus obras. El objetivo es que estas sean explotadas comercialmente, que generen derechos de autor y beneficios. A cambio el autor cede un porcentaje de los derechos de explotación a la empresa editorial.

Y ¿Por qué es importante? Si tu carrera está orientada más bien a la composición has de saber que los derechos de explotación son la principal fuente de ingresos de un autor. Esto no se limita a un pago por obra y servicio, es decir, a que un tercero te pague una tarifa por haber compuesto un tema para su proyecto. La verdadera miga está en lo que llamamos comunicación pública. Cuando la obra de un autor suena en una televisión, radio o concierto, genera una serie de beneficios económicos. Una parte de estos beneficios corresponden al autor de la obra, además de al artista y al productor. Profundizaremos un poco más en esta forma de ganarse de la vida en el capítulo 7.

Promoción de conciertos

En el negocio de la música en vivo el promotor cumple una función similar a la del productor musical discográfico. Las empresas promotoras financian los conciertos y asumen el riesgo económico del evento. Un promotor es aquel que invierte en la organización del espectáculo, que contrata a los grupos o solistas que vayan a actuar, así como al personal técnico y de seguridad. El objetivo de estos empresarios es la obtención de beneficios a través de la venta de entradas. Es importante no confundir la promoción de conciertos con la promoción musical propiamente dicha, especializada en dar a conocer un proyecto a través de redes sociales, medios de comunicación y publicidad.

Y ¿Por qué es importante? Si quieres dedicarte a la música en directo es muy importante que sepas quién está ejerciendo de promotor musical en cada caso. La figura del promotor puede recaer en una empresa dedicada a la organización de conciertos, pero también en un particular que contrata a unos músicos para que toquen en su boda, en una sala que paga a un grupo e incluso en un artista que alquila una sala para realizar su propia actuación. Profundizaremos en el negocio de la música en vivo en el capítulo 5.

Grabación musical y audiovisual

La música grabada siempre ha sido fundamental a la hora de desarrollar y promocionar una carrera. En cualquiera de sus formatos es necesaria para dar a conocer una propuesta musical ante el público en general, pero también ante promotores, mánagers y discográficas. En los últimos años, además, el vídeo musical se ha consolidado como una nueva manera de consumir música. Gracias al desarrollo de la tecnología digital tenemos la opción de producir todos estos contenidos musicales a un coste mucho más económico que el de hace unos años.

Ⅴ **¿Por qué es importante?** Todo aquel que quiera desarrollar su carrera tiene que tener unas nociones básicas de cómo funciona una grabación musical y una producción audiovisual. Tanto si vas a grabar en *home studio* como si vas a hacerlo en un estudio de grabación profesional, es recomendable saber qué procesos técnicos, logísticos y humanos participan en este tipo de proyectos.

Distribución musical

La distribución consiste en hacer llegar la música grabada como producto acabado al público. Está profundamente determinada por los hábitos de consumo. En la actualidad la distribución digital es la norma. Si tradicionalmente los esfuerzos se encaminaban a hacer llegar los discos en su soporte físico a los distintos puntos de venta, en nuestros días lo lógico es centrarse en posicionar la música grabada en las plataformas virtuales más potentes.

Ⅴ **¿Por qué es importante?** Es necesario conocer cuáles son los canales de distribución más adecuados para llegar hasta el público potencial de un proyecto. Hoy en día las plataformas más utilizadas a nivel mundial son Youtube, Spotify, iTunes, Pandora y Deezer entre otros. Sobre cómo distribuir tu música en el entorno online sin morir en el intento hablaremos en el capítulo 3. La distribución física, por su parte, sigue teniendo un importante espacio en el mercado del coleccionismo gracias sobre todo a la resurrección de formatos como el vinilo, tal y como veremos en el capítulo 7.

Promoción musical

La principal función de la promoción musical consiste en dar a conocer una propuesta musical a su público objetivo y crear movimiento en torno a ella. Si tradicionalmente esto se conseguía gracias a los medios de comunicación y los conciertos, en la actualidad disponemos de un abanico mucho más amplio donde las redes sociales juegan un papel determinante.

▼ **¿Por qué es importante?** En un mercado musical saturado con cientos de miles de proyectos, la promoción cumple un papel importantísimo para destacar una propuesta frente a otras. Por ello es vital conocer a fondo su funcionamiento: cómo se gestionan las redes sociales, qué papel cumplen los líderes de opinión, saber diferenciar nuestro producto, conocer cuál es nuestro público objetivo, cómo funciona la comunicación boca oreja, qué contenidos son los más adecuados para los distintos canales, etc. En los capítulos 2, 3 y 4 abordaremos estos temas en profundidad.

2

CÓMO PREPARAR LA PROMOCIÓN DE TU MÚSICA

La era digital ha cambiado la forma en la que producimos, distribuimos, promocionamos y escuchamos música. La expansión de Internet, la implantación del ordenador en los hogares de todo el mundo y el extraordinario desarrollo de las tecnologías portátiles son el paradigma de una nueva y apasionante era en la que la promoción musical se rige por derroteros muy diferentes a los de antaño.

A continuación repasamos las principales señas de identidad del negocio musical de nuestros días.

Hábitos de consumo

Hasta finales de los años noventa el público escuchaba los discos de sus artistas favoritos en casetes, cedés y vinilos que frecuentemente se intercambiaban y duplicaban de forma casera. La televisión, la radio y la prensa escrita eran nuestras principales fuentes de información para estar al tanto de las últimas novedades discográficas, sin olvidarnos, por supuesto, de las recomendaciones de nuestros amigos y conocidos.

En la actualidad Internet y la telefonía móvil tienen un gran impacto sobre unos hábitos de consumo musical que han cambiado drásticamente en los últimos quince años. A golpe de click tenemos a nuestra disposición la práctica totalidad de la música que se produce en el mercado. Después de algún tiempo donde las descargas de música marca-

ban la pauta, hoy por hoy la tendencia es el *streaming*. El acceso a la
música está más globalizado que nunca. Además es más inmediato. Por
su parte, las redes sociales se han consolidado como un nuevo espacio
de comunicación entre los medios masivos y la conversación cara a
cara.

Como contrapartida, la saturación de estímulos influye directamente en los hábitos de consumo del público. Es difícil disponer del tiempo
suficiente para digerir la ingente cantidad de información existente en
el mercado. Un disco, al igual que un libro o una película, necesita un
tiempo de asimilación que ahora no se concede. Se descarta más rápido
y se escucha de forma más superficial. También se le otorga un mayor
valor a la portabilidad frente a la calidad del sonido, por lo que los equipos de alta fidelidad han caído en desuso.

Nuevos canales de distribución

Hasta finales de los años noventa las ventas de discos en formato físico
eran la base principal del modelo de negocio de la industria musical.

En la actualidad las ventanas de distribución digital nos proporcionan grandes posibilidades de difusión. La era digital nos ha permitido
prescindir de los elevados costes de la fabricación y distribución física.
El negocio de la música tiene en este escenario virtual una potente herramienta que permite distribuir la música de forma instantánea y ha-
cerla llegar a cualquier usuario, independientemente del lugar donde se
encuentre.

La otra cara de la moneda está en la relativa rentabilidad del mercado
digital. Aunque sus beneficios ya superan al mercado tradicional, el
soporte digital no ha conseguido llenar el vacío dejado por la caída de
la ventas de la copia física, que ha sido relegada al coleccionismo. Aun
así, la distribución digital es vital para la difusión de la música grabada,
por lo que sus beneficios indirectos son incalculables.

Nuevas vías de promoción

Hasta finales de los años noventa la influencia de los medios de comunicación, especialmente de las radios musicales, era determinante para
la difusión de una propuesta musical más allá de la escena local.

En la actualidad, aunque los grandes líderes de opinión siguen siendo esenciales, están mucho más difuminados respecto a hace algunos años. El poder de convocatoria ya no se concentra en unos pocos líderes fuertes, sino en multitud de emisores con distintos niveles de influencia.

Los músicos y el público están presentes en la red. La clave está en cómo conectarlos. El papel del boca oreja, si bien siempre ha servido para establecer una base sólida de seguidores, ahora cobra un papel determinante. Las redes sociales han ayudado a consolidar un espacio virtual donde la comunicación interpersonal se extiende y ramifica a una velocidad de vértigo. Toda campaña de promoción tiene como objetivo primordial fomentar el boca oreja, tanto en la calle como en su extensión *online*. En este sentido, los flujos de comunicación entre los líderes de opinión y el público son elementales para que una propuesta musical cale.

Saturación en la oferta musical

Hasta finales de los años noventa la grabación de un disco con baremos profesionales requería de un presupuesto demasiado elevado para ser costeado por los propios músicos, por lo que los esfuerzos estaban especialmente encaminados a llamar a las puertas de la industria musical con la esperanza de que alguien apostase por su trabajo.

Una vez más debemos hacer mención a la caída de los costes de producción. ¿Por qué? Porque como consecuencia de poder grabar más barato, en la actualidad existe más música grabada que nunca disponible en el mercado. La contrapartida es una mayor saturación con el consecuente desequilibrio entre oferta y demanda. Con la red bien asentada como nuevo escaparate musical, los músicos compiten en igualdad con cientos de miles proyectos con las mismas posibilidades de producción y promoción. Hay una abrumadora cantidad de propuestas musicales luchando por la atención de los mismos públicos objetivos.

Esta saturación musical alcanza a todos los agentes del negocio: agencias de management, A&R discográficos, A&R editoriales, promotores de conciertos, etc. Todos los filtros de acceso están colapsados. El desequilibrio, que no es nuevo en el negocio musical pero sí mucho más acusado, incide directamente en la necesidad de invertir en marketing y promoción.

Necesidad de tiempo, esfuerzo y dinero

Hasta finales de los años noventa la inversión estaba encaminada a la grabación en estudios profesionales, la edición de copias físicas y la financiación de costosas campañas de promoción.

En la actualidad la industria se muestra mucho más reacia a apostar por nuevo talento. Pero la inversión de tiempo, dinero y esfuerzo sigue siendo fundamental para levantar cualquier proyecto musical, lo que ha dado carta blanca a la autoproducción. En este nuevo entorno el destino de esta inversión es prácticamente idéntico al de hace unos años. Todos los esfuerzos han de ir encaminados a la producción de contenidos, la publicidad y las relaciones públicas.

La necesidad de inversión en promoción musical es directamente proporcional al nivel de saturación existente en el mercado. En un entorno de carencia, donde la demanda es superior a la oferta, la publicidad no sería necesaria, pues todos los productos terminarían siendo explotados. Por desgracia el negocio de la música siempre ha sido justo el inverso, ahora mucho más que antaño. A pesar de que Internet nos brinda nuevas posibilidades de promoción, nunca ha existido tanta oferta musical, por lo que las campañas de promoción son indispensables para lograr diferenciarse de la competencia y llegar hasta el consumidor final.

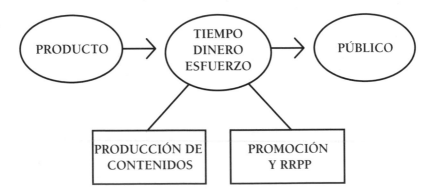

Este mismo esquema se repite en todos los niveles, desde un grupo autoproducido hasta el artista respaldado por un sello discográfico, pasando por el grupo local que realiza sus primeros conciertos e incluso por el profesor que imparte clases particulares de música. Todos ellos necesitan invertir tiempo, esfuerzo y dinero en producción de contenidos y en promoción musical. Citamos a continuación algunos ejemplos ilustrativos:

▸ El artista autoproducido que se mueve a nivel nacional debe invertir en la producción de su música y en su posterior promoción, haciendo frente a gastos de inserción publicitaria y a una intensa labor de relaciones públicas.

▸ El artista que se mueve a un nivel local debe invertir tiempo en largas jornadas en el local de ensayo y dinero en la mejora de su equipo. Con frecuencia debe emprender una campaña de promoción en redes sociales para procurar llenar una sala de pequeño o mediano aforo, por lo que deberá invertir además en contenidos audiovisuales, en fotografías y en diseño gráfico.

▸ El profesor particular de música que quiere conseguir nuevos alumnos debe promocionar su trabajo como docente. Aunque decida que no necesita ningún tipo de material audiovisual para promocionar su valía como profesor, sí deberá dedicar un mínimo de esfuerzo para escribir al menos un texto en el que anuncie sus servicios y publicarlo aunque sea en un tablón de anuncios. Por no hablar del tiempo, dinero y esfuerzo que ya ha invertido en su propia formación musical.

Nuevos formatos de promoción

Hasta finales de los años noventa la escena local se limitaba a la grabación de maquetas, concursos, conciertos en salas de pequeño aforo y a una promoción basada en la pegada de carteles y medios de comunicación de poco alcance.

En la actualidad las maquetas han sido sustituidas por vídeos musicales y grabaciones de *home studio*, mientras que las redes sociales han relegado la pegada de carteles a un segundo plano. Los medios de comunicación siguen siendo un apoyo potencial, pero conviven con otras muchas posibilidades de promoción dentro del entorno *online*, como pueden ser los blogs, las webs especializadas, los canales de vídeos musicales y las redes sociales. En otras palabras, hay más espacios entre la escena local y la primera división.

Esquema general del plan de promoción

Toda campaña de promoción tiene unos pasos de preproducción previos muy importantes de desarrollar. Ya queramos dar a conocer un lanzamiento discográfico, promocionar un concierto o simplemente gestionar el día a día en nuestras redes sociales hay una serie de pautas recomendables para no perder el norte. Antes de ponernos a bombardear las redes sociales con fotos y vídeos, o de ponernos a contactar a los medios como locos, tenemos que tener muy claro ciertos aspectos: producto, público objetivo, canales, contenidos y planificación.

 ***Producto***

¿Qué producto tenemos entre manos? Se trata de conocer las características de nuestra música, nuestra personalidad como artistas, de nuestro lanzamiento discográfico o audiovisual, de nuestros conciertos, del mercado donde nos movemos y de nuestra competencia. Todo ello resulta fundamental para encarar cualquier acto promocional que queramos llevar a cabo.

> ▶ ¿Cuál es el estilo musical de nuestro proyecto?

> ▶ ¿Qué identidad, discurso y personalidad tiene nuestro proyecto artístico?

> ▶ ¿La imagen de marca refleja correctamente nuestra identidad artística?

> ▶ ¿En qué momento de nuestra carrera musical nos encontramos?

- ¿Se trata de un proyecto consolidado, en vías de consolidación, emergente, o amateur?

- ¿Tenemos una base de seguidores fieles con la que empezar a trabajar?

- ¿Cuáles son las características propias de nuestro lanzamiento o espectáculo?

- ¿Qué reputación tenemos como artistas?

- ¿Qué presencia *online* tiene nuestra propuesta?

- ¿Qué otras propuestas musicales compiten por los mismos espacios y la atención de los mismos públicos objetivos?

- ¿En qué circuitos nos movemos actualmente?

- ¿Cuáles son nuestras aspiraciones a corto, medio y largo plazo?

Público objetivo

¿Cuál es el público al que nos vamos a dirigir? Saber identificar correctamente nuestro público objetivo indispensable para llegar hasta él, conocer el máximo de detalles es fundamental para seducirlo. Esta puede parecer una tarea ambigua y demasiado discriminatoria, porque evidentemente dentro del público de un mismo artista pueden convivir perfiles bien diferentes. Pero la concreción nos ayudará a orientar la promoción de una propuesta, lanzamiento o evento musical. Por tanto debemos evitar la brocha gorda y el matar moscas a cañonazos en la medida de lo posible.

- ¿Qué edad y género tiene el público al que nos vamos a dirigir?

- ¿En qué lugar vive y de dónde procede?

- ¿En qué idioma se comunica?

- ¿Qué situación laboral tiene?

- ¿Qué nivel de ingresos tiene?

- ¿Qué nivel de estudios tiene?

- ¿Qué hábitos culturales y de ocio tiene?

- ¿Cómo, dónde y a través de qué medios y soportes escucha música?

- ¿Cuáles son sus gustos musicales?

- ¿Qué otros gustos culturales tiene?

- ¿Cuáles son sus hábitos de comunicación?

- ¿Y sus hábitos tecnológicos?

- ¿Cuáles son sus valores y costumbres?

- ¿En qué círculos sociales se mueve?

- ¿Cuáles son sus marcas de referencia?

Canales y líderes de opinión

¿Qué plataformas son las más adecuadas para llegar hasta nuestro público diana? ¿Qué intermediarios nos ayudarán a amplificar nuestro mensaje? Se trata de saber identificar claramente las plataformas y los líderes de opinión más adecuados para dar a conocer una propuesta musical al público al que queremos dirigirnos.

- ¿En qué ventanas de distribución se va a distribuir la música?

- ¿Qué redes sociales son las más adecuadas para llegar hasta el público objetivo?

- ¿Qué otros sitios web nos pueden servir?

- ¿Qué medios de comunicación especializados son los más adecuados?

- ¿Quiénes trabajan en esos medios de comunicación?

- ¿Quiénes influyen sobre estos líderes de opinión?

- ¿Qué marcas comerciales pueden ayudarnos a conectar con nuestro público?

▶ ¿Qué agencias de publicidad y productoras realizan sus anuncios?

▶ ¿Qué trabajo hizo el grupo o solista hasta ahora a nivel promocional?

▶ ¿En qué medios, blogs, cuentas en redes sociales se habló del grupo?

▶ ¿Qué personas se han interesado por su trabajo?

▶ ¿Dónde podemos encontrar los contactos de todas estas personas?

Contenidos, herramientas y eventos

¿Qué contenidos, herramientas y eventos promocionales serán más efectivos para seducir a nuestro público y captar la atención de sus líderes de opinión? Vídeos, música, textos, imágenes, notas de prensa, hojas promocionales, cartelería, anuncios, conciertos, firmas de discos, etc. Todo lo que publiquemos, utilicemos y realicemos ha de reflejar nuestro discurso artístico, estar adaptado al medio y tener las características necesarias para lograr un *feedback* positivo.

▶ ¿Qué contenidos y materiales audiovisuales son más indicados para conectar con nuestro público objetivo?

▶ ¿Qué vamos a publicar a través de las redes sociales?

▶ ¿Qué vamos a publicar en otros sitios web?

▶ ¿De qué contenidos disponemos ya? ¿Vamos a necesitar más?

▶ ¿Qué materiales utilizaremos para elaborar nuestro kit de prensa?

▶ ¿Qué vamos a necesitar para elaborar nuestras herramientas publicitarias?

▶ ¿Qué eventos son los más adecuados para promocionar nuestra propuesta?

Planificación de la campaña

Una vez hayamos realizado toda esta investigación previa, será el momento de diseñar y planificar nuestra promoción según el presupuesto del que dispongamos. Se trata del paso previo a la ejecución de la campaña.

▶ ¿Qué presupuesto manejamos?

▶ ¿Qué intensidad promocional es la más conveniente?

▶ ¿Qué calendarios y plazos son los más adecuados?

▶ ¿Cómo vamos a coordinar los distintos acontecimientos noticiables?

▶ ¿Cómo vamos a programar nuestros contenidos en las redes sociales?

▶ ¿Cómo vamos a gestionar las relaciones con los medios?

▶ ¿Y con otros intermediarios?

Conociendo las características de nuestra propuesta musical

Este primer ejercicio de autoconocimiento nos ayudará a saber qué podemos ofrecer como músicos, y si estamos comunicando bien las cualidades de nuestro proyecto. Se trata de saber diferenciarnos de otras propuestas y conseguir una respuesta por parte del público. Solamente estudiando nuestras fortalezas y debilidades sabremos identificar claramente qué debemos reforzar, qué debemos obviar y qué oportunidades de crecimiento tenemos. Es importante no limitarnos a un análisis conceptual de la propuesta y ser lo más detallistas posible.

Estilo musical

Etiquetar nuestra propia música puede ser una tarea complicada. Los músicos suelen estar influenciados por todo lo que han escuchado a lo largo de su vida, lo que a menudo comprende una inmensa variedad de distintos géneros. Una posible opción para solventar este problema es preguntar a personas de confianza y contar con una visión externa con la que poder completar nuestra propia percepción como músicos. Nos sorprenderemos de los parecidos que algunas personas encuentran con artistas de los que nunca habríamos sospechado. Lógicamente, la subjetividad juega un papel muy importante a la hora de enumerar las características estilísticas de un proyecto. Esta evaluación nos dará pistas acerca de nuestras semejanzas y diferencias respecto a otros artistas. Es recomendable ser lo más específicos posibles e ir más allá de etiquetas genéricas como rock, pop, dance, flamenco o jazz.

- ¿A qué estilos pertenece nuestra propuesta musical?
- ¿Cómo podemos describir nuestra música?
- ¿Qué otras influencias tiene?

Personalidad artística y actitud

Conocer qué es lo que nos diferencia de otras propuestas musicales similares a la nuestra, nos ayuda a saber autodefinirnos como artistas. Estas diferencias son un valor añadido que debemos explotar. Las distinciones pueden ser puntuales (una forma particular de cantar, una instrumentación inusual, una puesta en escena arriesgada) o genéricas (una carrera camaleónica, un estilo inclasificable).

Todas las acciones que llevamos a cabo son un acto de comunicación. Nuestra actitud, tanto artística como personal, nos define. Por ejemplo, si demostramos una mentalidad abierta o conservadora respecto a la experimentación musical estamos diciendo mucho acerca de qué se puede esperar de nuestro proyecto.

Los valores tienen un enorme peso en la identidad artística de una propuesta. Algunos artistas aprecian la inmediatez, mientras que otros prestan más importancia a los detalles. En algunas carreras musicales la grabación de discos en estudio marca las pautas, mientras que otras están claramente más orientadas al directo. Unos son más reivindicativos, más fieles a su propio estilo o filosofía. Otros proyectos son más permeables, más flexibles a los cambios. Podemos ser divertidos, trascendentales, poéticos o directos. Todas estas son actitudes válidas a la hora de afrontar una propuesta musical pero, indudablemente, tienen un enorme peso en nuestra identidad artística.

▶ ¿Qué características musicales y líricas compartimos con otros?

▶ ¿Qué nos diferencia de los demás?

▶ ¿Qué es lo nos hace únicos?

▶ ¿A qué características artísticas les damos más importancia?

▶ ¿Cuál es nuestra actitud frente a la música y frente a la vida?

▶ ¿Cuáles son nuestros valores musicales y extramusicales?

Trayectoria

Conocer los datos biográficos de una propuesta musical es indispensable para construir un discurso acerca de quiénes somos, qué hacemos y qué tenemos que aportar al panorama. Esta biografía debe ser lo más extensa posible y estar siempre ajustada a la realidad. Más tarde, durante la confección de nuestro discurso, reforzaremos los datos más llamativos y obviaremos aquellos que resulten intrascendentes.

▶ ¿Cuál es nuestra historia?

▶ ¿Cómo surgió el proyecto?

▶ ¿Qué hemos hecho hasta ahora?

Por otro lado, la historia de una propuesta musical va más allá de un enfoque colectivo. Es importante conocer la trayectoria artística y personal de cada miembro del proyecto.

▸ ¿Quiénes son los miembros del grupo o quiénes son los colaboradores habituales en nuestra carrera solista?

▸ ¿Cómo empezaron a trabajar en la música?

▸ ¿Cómo han llegado al momento actual de sus carreras?

Nuestras aspiraciones también cumplen un papel esencial, tanto en el enfoque general de nuestra carrera como en su desarrollo promocional. Cuanto más claros tengamos nuestros propios objetivos, más fácil nos resultará elegir bien los pasos a seguir. De lo que hagamos en el futuro dependerá en buena parte nuestra promoción. Como ya hemos mencionado, todas nuestras acciones son un acto de comunicación.

▸ ¿Cuáles son nuestros objetivos a corto, medio y largo plazo?

Seguidores

El número de seguidores que tengamos y, más importante aún, su nivel de compromiso influirán directamente en el desarrollo de nuestra comunicación. Si somos un proyecto consolidado, contaremos con una gran baza con la que empezar a promocionar lanzamientos, conciertos y cualquier acción que efectuemos. En cambio, si somos un grupo emergente, nos queda mucho trabajo por hacer, sobre todo teniendo en cuenta que en un mercado tan competitivo, hacer grande a un artista es una tarea muy difícil. Por supuesto, el hecho de no contar con demasiados seguidores puede ser también una gran oportunidad. Un proyecto emergente es un grupo que aun tiene mucho por aprender, mucho por crecer, mucho que aportar y muchos seguidores potenciales a los que seducir. Lo que en principio puede ser visto como una debilidad, es también sin duda una fortaleza dependiendo del prisma con el que lo analicemos. Si logramos que el grupo conecte con una base de seguidores que hasta ahora ignoraban su existencia, habremos logrado el beneficio de la novedad.

▶ ¿En qué momento de nuestra carrera artística nos encontramos?

▶ ¿Cuántas personas conocen nuestro trabajo?

▶ ¿Tenemos una base de seguidores fieles con la que empezar a trabajar?

No debemos olvidar que la calidad es mucho más determinante que la cantidad. Según el editor Kevin Kelly, cofundador de la revista *Wired*, un artista de cualquier ámbito puede llegar a vivir con su trabajo si cuenta con una base de mil verdaderos fans incondicionales. Evidentemente se refiere a un nivel de fidelidad absoluto (por ejemplo aquellos que se tatúan el nombre de su artista favorito en el brazo o que recorren miles de kilómetros para no perderse su última gira). Pero esto nos da una máxima que debemos grabarnos a fuego: ser conocidos por muchísimas personas sirve de poco si no contamos con su fidelidad como seguidores. Si nuestros seguidores no están comprometidos con nuestra obra, nos encontramos con serios problemas para desarrollar una carrera artística. Se trata de en una situación donde nos será mucho más difícil generar impacto y atención.

Por este mismo motivo el sueño de cualquier organización es conseguir crear una comunidad participativa de seguidores. El concepto de fan tiene mucho más que ver con la participación activa por parte del público que con el hecho de seguir a un grupo a través de una red social. El seguidor de un grupo es mucho más que una persona que hace click en Facebook. La pasión es el pilar fundamental, y un mero click en Facebook es un acto muy poco pasional.

▶ ¿Cómo podemos fomentar la participación en torno al proyecto?

▶ *Relato y discurso*

Una vez que tengamos claro cuáles son los rasgos de nuestra identidad artística, debemos ponernos manos a la obra y construir un relato convincente que logre comunicar de forma atractiva quiénes somos. Este ejercicio nos servirá de hilo argumental y como base para realizar contenidos con un discurso claro que reflejan los aspectos más llamativos de nuestra propuesta musical.

Durante la construcción de un relato llamativo para el público, debemos estructurar bien nuestra historia, obviar los detalles que no tienen importancia y resaltar aquellas características que potencian nuestro discurso. Si por ejemplo queremos hablar de la trayectoria de una banda de rock, ciertos datos biográficos no tendrán ninguna relevancia. De nada sirve perder el tiempo contando que empezamos a tocar por diversión, que poco a poco fuimos ofreciendo más conciertos por nuestra zona, que el guitarrista se marchó del grupo porque encontró trabajo como ingeniero, y que luego fue sustituido por otro que también se fue porque pasaba por una racha de baja autoestima. Es importante que nuestro relato tenga gancho y que nuestra historia no parezca aburrida. Al fin y al cabo se trata de crear un vínculo emocional con el público. Conseguir esto tiene mucho más que ver con el cómo que con el qué.

▶ La delicada frontera entre el marketing y la manipulación exagerada

El negocio de la música, y la industria del espectáculo en general, tiene un fuerte acento de teatralidad. Es necesario que así sea para lograr una conexión con el público. Incluso aquellas propuestas musicales que esgrimen la baza de la autenticidad y de la normalidad (como pueden ser aquellos músicos independientes que se jactan de ser personas normales y corrientes) siguen un discurso que apunta precisamente en esa dirección. Pero una cosa es el componente teatral de la industria del espectáculo y otra bien diferente es la manipulación pura y dura. Cuando hablamos de construir un relato llamativo, no estamos hablando de mentir al público. Todo discurso artístico debe ser sincero y estar respaldado por la realidad. Se trata ni más ni menos que de presentar la realidad de una forma atractiva y lograr una conexión con el público.

El relato con el que nos presentamos como artistas debe ser totalmente verídico, aunque a veces es cierto que algunas propuestas musicales tienden a edulcorar deliberadamente su biografía. Un ejemplo claro lo tenemos en los famosos descubrimientos musicales, donde artistas anónimos se hacen de oro de la noche a la mañana porque alguien se enamoró de su talento. O la evolución más actual de esta recurrente historia, aquellas propuestas musicales que se dieron a conocer de la noche a la mañana gracias al boom de las redes sociales. Otro ejemplo clásico es el de las *boybands* con biografías prefabricadas donde cada integrante del grupo cumple un papel estratégico de conexión con un segmento del público adolescente.

Normalmente estas pequeñas y grandes manipulaciones no tienen gran recorrido. Otra cosa es que aprovechemos las corrientes de opinión actuales y permitamos que sean otros los que edulcoren la realidad. Para lograr este efecto se obvian algunos detalles (el dinero que se invirtió en una campaña de redes sociales) y se refuerzan otros (el éxito viral que tuvo la campaña).

En definitiva, debemos ser cuidadosos y no tener un discurso que resulte forzado, a no ser que la esencia de nuestra identidad artística sea precisamente una teatralidad exagerada (como por ejemplo ocurre con en géneros como el hair metal, o en bandas ficticias o semificticias como The Travelling Wilburys, Gorillaz o The Blues Brothers).

▶ ¿Cuál es nuestro discurso como artistas?

▶ ¿Qué queremos decir?

▶ ¿De qué hablan nuestras canciones?

▶ ¿Qué relato vamos a utilizar para contar nuestra historia?

▶ ¿Qué argumentación y estructura debemos utilizar para crear un vínculo emocional?

▶ ¿Qué elementos debemos resaltar? ¿Cuáles debemos obviar?

Imagen artística

Todas las acciones que realicemos y los contenidos que utilicemos deben comunicar quiénes somos, qué valores tenemos y, en definitiva, cuál es nuestra identidad artística. Debemos preguntarnos si los contenidos, las fotografías, los logotipos, el vestuario, las declaraciones y el comportamiento de un artista reflejan correctamente la identidad de su propuesta musical. Esta identidad no es fácil de cambiar, pues es la esencia misma que define el proyecto, lo que lo diferencia, su personalidad. En cambio, la imagen artística es mucho más moldeable. De hecho, es deseable modificarla si no cumple el objetivo supremo de transmitir de forma fidedigna y atractiva las cualidades de un proyecto. Es necesario que exista un elemento de conexión entre todo lo que hagamos para promocionar una propuesta musical.

Una foto de un músico de hip hop reivindicativo en una juguetería (con un lacito rosa atado al cuello, por ejemplo) puede parecer graciosa en un momento puntual. Pero si todas las sesiones fotográficas de este músico son así, será muy difícil que su imagen artística refleje su verdadera personalidad como autor.

Lo mismo ocurre con las acciones extramusicales, pues todo lo que hacemos comunica. Si un artista pop adolescente es detenido por destrozar una habitación de hotel, tenemos un típico conflicto entre identidad artística y actitud. Lo que hace no encaja con lo que dice que hace. En cambio, este conflicto no existiría jamás si es el protagonista del destrozo es un músico de punk con un largo historial irreverente.

▶ ¿Hay una imagen de marca homogénea entre todos nuestros contenidos promocionales?

▶ ¿Esta imagen de marca refleja correctamente la identidad artística del proyecto?

▶ ¿Es una imagen inspiradora, seductora y llamativa?

▶ ¿Nuestras acciones están acordes con la personalidad musical del proyecto?

▶ ¿Logra nuestra imagen conectar con su público objetivo?

Reputación

La reputación es uno de los elementos que determinan la imagen artística de una propuesta musical. A diferencia de la identidad, que nos define, la reputación está mucho más relacionada con la percepción del público y de los líderes de opinión acerca de un proyecto. Esta reputación es el resultado de todas las acciones que hemos emprendido en el pasado y que han comunicado quiénes somos como artistas. Es interesante hacer un ejercicio de evaluación. Si consideramos que nuestra reputación artística está distorsionada y que no refleja la realidad es momento de ponernos manos a la obra para cambiarla.

▶ ¿Qué reputación tenemos como artistas? ¿Cómo se nos percibe?

▶ ¿Refleja correctamente nuestra identidad artística?

▶ ¿Qué es lo que se escribe o se dice sobre nosotros?

▶ ¿Qué presencia *online* tiene nuestro proyecto?

Qué queremos promocionar

En toda estrategia de comunicación se intercalan periodos intensivos de promoción (donde queremos dar a conocer un acontecimiento importante), junto a otros momentos de baja intensidad (donde la actividad promocional está orientada a mantener el compromiso del público y a fortalecer la imagen de marca del proyecto). Durante estos periodos intensivos invertimos todos nuestros esfuerzos en la promoción de algo muy concreto: el lanzamiento de un disco, la celebración de un concierto, el seguimiento de una gira, la publicación de un vídeo importante, etc. Cuando esto ocurre es importante evaluar a fondo el acontecimiento concreto que queremos impulsar.

▶ ¿Qué queremos promocionar exactamente? ¿Un lanzamiento o evento concreto? ¿Nuestra actividad artística en su conjunto?

▶ ¿Cuáles son las características propias del lanzamiento o evento?

▶ ¿Qué lo hace diferente a todo lo que se ha hecho hasta ahora?

Conocer el mercado y la competencia

Conocer el entorno donde trabajamos es indispensable para desenvolvernos en el sector y orientar nuestra planificación promocional correctamente. El negocio de la música es un mercado saturado de grupos, solistas, autores, docentes y productores, tanto emergentes como consolidados. Competimos en igualdad de condiciones con muchísimos otros proyectos, incluso con el mismo potencial que el nuestro. Cada semana se lanzan montones de propuestas maravillosas al mercado que, o bien por una mala promoción, o bien por falta de conexión con el público, o bien por falta de presupuesto, quedan relegadas al anonimato en el océano de Internet.

Uno de los ejercicios más útiles que podemos hacer antes de emprender cualquier campaña de promoción es identificar claramente cuál es nuestra competencia más directa. Esto nos ayudará a saber qué es lo que a otros les funciona, qué nos diferencia de otras propuestas, qué es lo que nos hace especiales y qué factores pueden decantar la balanza a nuestro favor.

Cuando hablamos de competencia directa no nos referimos únicamente a otros proyectos del mismo estilo musical. Nos referimos especialmente a aquellas propuestas musicales que compiten por los mismos espacios promocionales y por la atención de las mismas audiencias. Es decir, aquellos que luchan por la cobertura de los mismos medios de comunicación, que comparten un mismo público objetivo y que se encuentran en momentos similares de su carrera. Si una propuesta musical emergente tiene similitudes estilísticas con Joaquín Sabina, su competencia directa no es Joaquín Sabina (que claramente opera en una división más avanzada) sino otros proyectos con el mismo nivel de seguimiento.

- ▶ ¿En qué circuitos nos movemos actualmente?
- ▶ ¿Qué otras propuestas como la nuestra hay en el mercado?
- ▶ ¿Quiénes compiten por los mismos espacios promocionales?
- ▶ ¿Quiénes compiten por la atención de los mismos públicos?

> ▶ ¿Quiénes compiten por la atención de los mismos líderes de opinión?

> ▶ ¿Qué nos diferencia de esas propuestas?

> ▶ ¿Qué debilidades y fortalezas tenemos respecto a la competencia más directa?

Identificar nuestro público objetivo

El público objetivo (o *target*) son aquellas personas a las que nos vamos a dirigir para promocionar nuestra una propuesta musical. Dependiendo del enfoque comercial, este grupo social puede estar conformado por una serie de personas a las que le puede interesar un proyecto ya configurado, o un nicho de mercado concreto al que queremos vender una propuesta musical que configuremos a su medida.

A menudo que avance nuestra carrera, contaremos con datos cuantificables obtenidos a través de la propia experiencia que podrán ayudarnos a conocer bien al público con el que conectamos. Si estamos en los comienzos, tendremos que ayudarnos de estudios existentes, de la experiencia de compañeros de profesión, de investigaciones propias de propuestas musicales similares y de nuestra propia intuición.

▶ Preguntas clave para segmentar el público

Aunque quizá sea el aspecto más importante a la hora de desarrollar una estrategia de comunicación, a menudo la segmentación del público objetivo no se tiene demasiado en cuenta, lo cual constituye un gravísimo error. Este es uno de los principales motivos que nos hace matar moscas a cañonazos durante la ejecución de una campaña promocional. Si el responsable de promoción de un grupo de trash metal pierde el tiempo intentando lograr una entrevista en una revista para chicas adolescentes, significa que no tiene nada claro dónde está su público diana. Es normal que un músico quiera llegar hasta el máximo público posible, pero su estrategia promocional debe regirse por el realismo.

La segmentación de público ha de ser lo más detallada y concreta posible. En ocasiones esto puede parecer demasiado genérico, pues una propuesta musical puede tener un público bastante variado. No obstante, antes de hacer un perfil exageradamente amplio, podemos elaborar una serie de distintos perfiles complementarios.

Segmentación geográfica

- ¿En qué población vive nuestro *target*?
- ¿Cuál es el tamaño de la población?
- ¿Es una zona rural o urbana?
- ¿Qué idioma habla nuestro target?
- ¿Qué hábitos culturales podemos encontrar en esa zona geográfica?

Segmentación demográfica

- ¿Qué edad tiene nuestro *target*?
- ¿Cuál es su género?
- ¿Cuál es su situación laboral?
- ¿Cuál es su nivel de estudios?
- ¿Cuál es su estado civil?
- ¿Cuál es su nivel de ingresos?
- ¿Cuáles son sus creencias religiosas?

Segmentación por hábitos culturales y costumbres

- ¿Qué hábitos de culturales tiene?
- ¿Cuáles son sus gustos musicales?
- ¿Qué hábitos de consumo musical tiene?

- ¿Qué dispositivos utiliza para escuchar música?

- ¿Qué hábitos de comunicación tiene?

- ¿Qué redes sociales usa?

- ¿Qué medios de comunicación lee?

- ¿Cuáles son sus aficiones?

- ¿Qué hábitos de ocio tiene?

- ¿En qué circuitos sociales se mueve?

- ¿Qué valores y estilo de vida tiene?

- ¿Qué tipo de personalidad es?

Segmentación por conducta respecto a nuestra propuesta

- ¿Qué nivel de conocimiento tiene acerca de nuestra propuesta musical?

- ¿Qué nivel de fidelidad tiene?

Segmentación posterior: segmentar al público a medida de una propuesta elaborada

Este caso suele ser el más habitual. En estas situaciones trabajamos con una propuesta musical con sus características propias. Nuestro trabajo es identificar el público potencial que puede estar interesado a priori en una propuesta musical como la que tenemos entre manos. Por ejemplo, no tendría sentido esforzarnos en dar a conocer un proyecto de heavy metal entre los seguidores de la música techno.

Cuando trabajamos en casos como estos, la segmentación del público diana es un ejercicio que depende de las características del producto, no de nuestros deseos como artistas. Una vez conozcamos a fondo las características del público objetivo, podremos saber cuáles son las mejores estrategias para conectar con él y para llamar su atención. Incluso tendremos ocasión de mejorar la imagen artística y los contenidos de la campaña.

Segmentación previa: elaborar una propuesta a medida de un público

Esta interpretación de la segmentación de público es más radical que la anterior. La idea es cubrir un nicho de mercado concreto. Esto suele ser habitual cuando buscamos una rentabilidad comercial por encima de la autenticidad artística. Se trata de identificar un público objetivo determinado y, a continuación, desarrollar una propuesta musical que pueda seducirlos.

El ejemplo más clásico es el de los lanzamientos discográficos prefabricados. Pero también hay otros más patrones más útiles y cotidianos. Por ejemplo, si queremos hacer una orquesta para tocar en bodas, bautizos y comuniones, será necesario saber qué estilos demanda el público, qué repertorios son los que mejor funcionan en celebraciones de este tipo y cómo nos podemos diferenciar de otros proyectos que operan en los mismos nichos de mercado. Otro ejemplo: si queremos tocar en el circuito de versiones de una ciudad turística concreta, hemos de saber qué estilos demanda el público en aquel lugar y acotar qué repertorios son más convenientes.

En resumen, aquí no se trataría de identificar un público objetivo para mejorar la imagen de marca y captar su atención, sino de crear un producto nuevo con unas características totalmente adaptadas.

El factor de la subjetividad

A lo largo de este libro mencionamos las diferentes estrategias de comunicación que pueden ser más efectivas a la hora de realizar una campaña con éxito. No obstante, la principal característica de la industria cultural es que el éxito o el fracaso está regido por la subjetividad del público. Como en el séptimo arte, en la música la respuesta del público puede llegar a ser imprevisible. Al igual que no existen recetas mágicas sobre cómo hacer una película exitosa, tampoco hay reglas fijas sobre qué tipo de propuestas musicales funcionan y cuáles no.

El público es muy heterogéneo y, como hemos mencionado, subsisten perfiles y gustos musicales muy distintos, incluso dentro de los seguidores de un mismo artista. Aunque una mala canción es teóricamente más difícil de promocionar que una buena canción, un mismo artista puede ser talentoso para un público objetivo y ser un músico mediocre para otro. De ahí la importancia de saber delimitar el público potencial de un proyecto artístico.

Por otro lado, está claro que cuanto mayor es el presupuesto de un proyecto mayores son las posibilidades. Pero también es cierto que ha habido grandes éxitos de artistas emergentes que lograron una fuerte conexión con el público sin apenas inversión, y otros casos donde propuestas con un potente respaldo promocional han sido ignoradas por el público.

Canales e intermediarios

Hoy en día tenemos a nuestra disposición multitud de plataformas, ventanas de distribución e intermediarios que nos pueden servir como vehículo para dar a conocer nuestra música en un segmento de público determinado. Hablaremos en profundidad de las características de estos canales de comunicación en los capítulos 3 y 4.

¿Cómo saber qué canales son los más adecuados?

Tras haber definido las características de la propuesta musical y delimitado el target de la misma, el siguiente objetivo consiste en identificar qué plataformas nos serán más útiles para llegar hasta los seguidores potenciales. Cada vez que un estudio investiga qué canales son los más efectivos para promocionar una propuesta musical, los resultados revelan que algunas cosas no han cambiado tanto como parece respecto al modelo de negocio vigente hasta finales de los años noventa. Si echamos un vistazo a las estadísticas, la mayoría de los encuestados siguen nombrando a la radio como el medio con el que descubrieron a su último artista favorito. En segundo lugar están las recomendaciones de amigos y conocidos. La medalla de bronce queda normalmente repartida entre las bandas sonoras, las plataformas *streaming*, las redes sociales y la televisión.

CANALES MÁS FRECUENTES PARA DESCUBRIR NUEVA MÚSICA

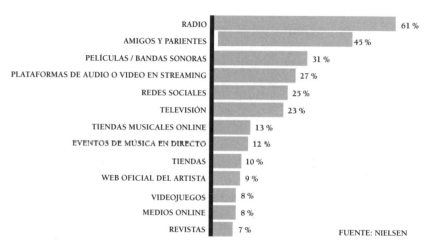

RADIO	61 %
AMIGOS Y PARIENTES	45 %
PELÍCULAS / BANDAS SONORAS	31 %
PLATAFORMAS DE AUDIO O VIDEO EN STREAMING	27 %
REDES SOCIALES	25 %
TELEVISIÓN	23 %
TIENDAS MUSICALES ONLINE	13 %
EVENTOS DE MÚSICA EN DIRECTO	12 %
TIENDAS	10 %
WEB OFICIAL DEL ARTISTA	9 %
VIDEOJUEGOS	8 %
MEDIOS ONLINE	8 %
REVISTAS	7 %

FUENTE: NIELSEN

Estos datos arrojan un poco de luz sobre cómo funcionan los distintos niveles de influencia. Pero la promoción musical es una labor mucho más compleja que seleccionar unos cuantos canales para lanzar una propuesta. En el panorama musical contemporáneo la información circula en un bucle continuo interconectado como nunca habíamos visto. Esto significa que todos los canales promocionales son potencialmente influyentes, pues cada uno de ellos funciona como un elemento interconectado dentro de un sistema complejo.

Identificar qué canales son los más adecuados para cada caso concreto no suele ser una tarea sencilla. La madeja de diferentes posibilidades es abrumadora y no siempre podemos contar con los datos de segmentación de audiencias de las distintas plataformas, medios de comunicación y páginas webs. Un músico de a pie tampoco tiene presupuesto para realizar un estudio de mercado riguroso con el que analizar al detalle los referentes de su público objetivo. No obstante, podemos utilizar diferentes recursos que nos ayudarán a clarificar un poco el camino.

▶ **Estudios cualitativos en tu círculo más cercano:** Busca entre tus amigos y conocidos a personas que encajen con el perfil que buscas según edad y estilo musical. Ponte en el lugar de tu público diana, organiza grupos de discusión, o simplemente pregunta. ¿Con qué frecuencia van a conciertos? ¿Dónde escuchan música? ¿Cómo descubrieron a su último grupo o solista favorito?

▶ **Busca y examina estudios publicados:** audiencias, observatorios de consumo *online*, estadísticas de hábitos de consumo. Todos estos informes nos sirven para orientar nuestra estrategia. En ocasiones es la única manera de conseguir ciertos datos de segmentación, pues algunas plataformas y medios de comunicación son muy recelosos a la hora de revelar esta valiosa información.

Contenidos

Según las características del producto musical que tenemos entre manos, hemos de saber qué contenidos, herramientas y eventos promocionales utilizaremos para lograr un *feedback* positivo tanto del propio público potencial como de los líderes de opinión a los que nos vamos a dirigir.

Los contenidos más utilizados

Los contenidos son el nutriente de toda campaña de promoción. Las redes sociales, las páginas web, los medios de comunicación y las ventanas de distribución son tan solo canales que quedarían vacíos sin música grabada, vídeos, imágenes y textos. Aunque estos canales ejercen de vías de acceso hacia el público, son los contenidos los que finalmente logran conectar con la gente.

Todo aquello que publiquemos a través de los diferentes canales de difusión constituye un acto de comunicación en sí. Por esto cualquier contenido ha de reflejar nuestra identidad como artistas, ser fiel a nuestro discurso y resultar atractivo para el público y sus intermediarios. Los elementos que utilicemos han de inspirar, seducir, conmover o informar. Así mismo debemos adaptar el mensaje al público al que nos queremos dirigir. Si por ejemplo hacemos música para adolescentes, de nada nos servirá proyectar una imagen clásica y conservadora.

Música grabada

La música grabada es la materia prima principal y la piedra angular de todos los contenidos promocionales. Su importancia es clave para el funcionamiento de una buena campaña de promoción. La música debe estar grabada con una calidad óptima para su reproducción en distintos soportes y formatos. Hemos de procurar ser lo más exigentes posible con el nivel de grabación y ejecución para conseguir trasladar una imagen profesional sobre el proyecto.

Dependiendo de la cantidad de canciones que contenga, podemos clasificar un lanzamiento en tres categorías:

- **Single:** una sola canción.

- **EP:** entre cuatro y siete canciones.

- **LP:** entre ocho y quince canciones aproximadamente.

Esta clasificación, herencia directa de la industria discográfica tradicional, sigue resultando útil hoy en día para planificar una producción. El presupuesto de una grabación condiciona el número de canciones que vayamos a grabar, y viceversa. Sin embargo esto no tiene por qué condicionar nuestra estrategia promocional. El hecho de que grabemos en estudio una serie de canciones no determina el formato de publicación. Por ejemplo, podemos grabar doce canciones (un LP) e ir escalonando a cuenta gotas la publicación de las mismas (en formato EP o single).

No existen reglas estrictas acerca de qué cantidad de canciones es la más adecuada para publicar un lanzamiento. Eso sí, debemos tener en cuenta que, en nuestros días, los hábitos de consumo musical son menos receptivos a escuchas pausadas, sosegadas e intensas. Ante la ingente cantidad de estímulos audiovisuales, el público dedica menos tiempo a digerir obras de duración prolongada y se muestra más receptivo al consumo de un menor número de canciones. Por esta razón cada formato tiene sus ventajas e inconvenientes.

> **Ventajas del LP:** A nivel artístico nos permite la publicación de obras homogéneas cuyas canciones guardan cierta relación entre sí. A nivel promocional un disco de 12 canciones tiene mayor empaque profesional, siempre y cuando el nivel de producción sea óptimo. La publicación de un LP es un acontecimiento más noticiable que la publicación de un single, lo que es una excusa perfecta para realizar campañas de promoción más intensas y más atractivas para los líderes de opinión masivos. Su principal inconveniente reside en su extenso número de canciones. Un LP tiene menor capacidad de asimilación por parte del público, además de unos mayores costes de producción.

> **Ventajas del single:** Se trata de un formato más compatible con los hábitos de consumo actual que, además, deja al público con ganas de más. La publicación de singles nos permite estar de actualidad durante periodos intermitentes y continuados. Los singles son más compatibles con las campañas de lluvia fina y con el día a día de la promoción en redes sociales.

> **Ventajas del EP:** Este formato tiene lo mejor de los dos anteriores. Una duración en torno a seis canciones es más que suficiente para conseguir un discurso homogéneo y, al mismo tiempo, deja al público con ganas de más material. Por otra parte, los costes de producción son menores que los de la grabación de un LP. La contrapartida está en que un EP no tiene el impacto de un disco de larga duración.

Vídeos

El vídeo es un soporte ideal para los tiempos que corren. Se trata de una tipología de contenido muy atractiva para el público, que a su vez es ideal para la difusión a través de Internet y el medio televisivo. Buena parte de los contenidos que circulan en la red son audiovisuales, puesto que el vídeo es junto a la imagen fija el formato que mayor viralidad alcanza.

Los sistemas digitales han abaratado los costes de la grabación audiovisual, al igual que ocurre con los equipos orientados a la producción musical. Actualmente es posible realizar por nuestra cuenta vídeos con resultados bastante decentes a costes relativamente pequeños, Existen multitud de herramientas a nuestra disposición que nos pueden ayudar a grabar un vídeo, desde un teléfono móvil hasta equipos más profesionales y sofisticados. Eso sí, lo ideal es que nuestros contenidos tengan el empaque más profesional posible, por lo que si queremos obtener resultados profesionales es mucho más recomendable acudir a manos expertas. No obstante, en algunos casos podemos acometer algunas licencias y realizar contenidos más informales (siempre y cuando tengan justificación).

En función de nuestros objetivos, existen varios niveles de calidad que nos pueden ayudar a impulsar nuestra carrera. Entre el vídeo realizado con un teléfono móvil y la producción audiovisual realizada con las mejores condiciones técnicas, hay una amplia gama de espacios que podemos explorar en busca de los contenidos más adecuados.

Algunos ejemplos donde está justificado un nivel de producción menor son aquellos vídeos de perfil despreocupado destinados a lograr una conexión con el público a través de las redes sociales. En estos casos, el enfoque suele ser mucho más desenfadado y las condiciones técnicas no priman tanto como el efecto de complicidad que conseguimos con nuestros seguidores potenciales. En otras situaciones es mucho más importante cuidar el resultado final de la producción, sobre todo si no queremos desvirtuar nuestra imagen y dar una impresión de proyecto amateur.

 ▎ **Vídeos en directo:** Permiten al público ver al artista en acción. Son percibidos como más auténticos que otros contenidos audiovisuales, por reflejar la realidad musical del proyecto. Por este motivo suelen funcionar muy bien en las redes sociales. Aquellos vídeos musicales en directo de factura profesional tienen el suficiente valor para ser tomados en consideración como material oficial del artista (el equivalente audiovisual de un lanzamiento discográfico). Estas realizaciones no solo sirven para conectar con el público, sino también para dar a conocer nuestro directo entre los promotores y los programadores de salas de conciertos.

▶ **Videoclip:** En un videoclip la imagen en movimiento añade información a una grabación realizada en estudio. El objetivo es aportar valor a la música grabada, no desvirtuarla. Por eso no tiene demasiado sentido realizar este tipo de producciones sin prestar un cariño especial al resultado final. El videoclip es un contenido muy apreciado por su capacidad de refuerzo visual. A través de las imágenes una realización de este tipo puede complementar una obra musical, llevarla a nuevos terrenos artísticos y mejorar la imagen de marca de una propuesta. El alcance viral de un videoclip dependerá mucho de su contenido y de la capacidad de conexión que las imágenes tengan con su público.

▶ **Lyric video:** Se trata de un vídeo musical más sencillo, donde la letra de la canción aparece subtitulada junto a alguna imagen (frecuentemente en movimiento). A menudo nos sirven para distribuir una canción grabada en plataformas audiovisuales aportando algo de valor añadido. En estos casos la imagen sirve para complementar de forma mucho más sutil al tema. Estas producciones audiovisuales también sirven de soporte a la música grabada, sin llegar a los niveles de refuerzo visual que alcanza un videoclip. Su bajo coste de producción es una de sus principales ventajas.

▶ **Vídeos informales:** Los vídeos de bajo presupuesto ofrecen grandes oportunidades para la promoción musical, especialmente en las redes sociales, donde son muy efectivos para fomentar la participación de nuestros seguidores. Estas pequeñas producciones permiten al artista conectar rápidamente con su público y trasladan una imagen de cercanía. Además tienen un bajo coste de producción. Sus posibilidades son múltiples: ensayos, saludos, concursos, comunicados, pruebas de sonido, muestras de canciones, tomas de guitarra y voz, etc. Dependerá de la creatividad con la que los utilicemos. Como contrapartida pueden reflejar una imagen demasiado amateur si no se complementan con otros contenidos de empaque más profesional.

▶ **Teasers:** Son vídeos de corta duración realizados con fines promocionales que utilizan normalmente un lenguaje publicitario. Pueden ser versiones reducidas de otros videoclips o actuaciones en directo, o vídeos promocionales para anunciar un acontecimiento (entre otras aplicaciones). Cumplen la función de presentar un proyecto en un tiempo reducido, por lo que pueden alcanzar una buena difusión. Son especialmente útiles para crear expectación.

▶ **Reportajes y entrevistas:** Utilizan el lenguaje periodístico para comunicar las características de nuestra propuesta musical. Aunque lo ideal es que sean los medios de comunicación quienes realicen estos contenidos, los reportajes y entrevistas autopromocionales también pueden ser de una interesante baza a nuestro favor.

Imágenes

Fotografías, logotipos, diseños, ilustraciones, carteles... Las imágenes tienen una gran capacidad de conexión con el público, además de alcanzar un gran impacto en el entorno *online*. Su papel es esencial para configurar la estética visual de una propuesta musical, por lo que han de comunicar adecuadamente el discurso artístico de un proyecto. También las utilizamos con fines informativos o publicitarios.

Textos

Los textos están presentes en el día a día de la actividad promocional de cualquier tipo. Deben ser un claro reflejo de la personalidad artística de un proyecto. Su uso es muy variado: aunque su principal función es la de informar al público (noticias, biografías, complemento de contenidos audiovisuales, presentaciones de otros materiales, etc), también los utilizamos con fines inspiradores (imágenes con textos, reflexiones, textos literarios, letras de canciones, etc).

Es completamente imprescindible que la redacción de los textos sea impecable. No debe haber ninguna falta de ortografía. No hay nada que de tan mala imagen que un texto promocional repleto de faltas de ortografía. Esta redacción, además, ha de ser lo más fluida posible. En algunas ocasiones ciertas personas escriben de forma deficiente sin darse cuenta de ello (no todo el mundo tiene las mismas habilidades a la hora de escribir textos). Por esta razón es imprescindible que contemos con la supervisión de alguien en cuyo criterio confiemos, si no podemos contar con el trabajo de un redactor profesional.

¿Cómo hacer contenidos virales?

La promoción musical persigue el surgimiento del boca oreja. Aunque los líderes de opinión juegan un papel importante a la hora de la expansión de un mensaje, la difusión de un contenido por parte de una persona u organización con muchos seguidores no basta para que este se convierta en viral. Sin duda las características del propio contenido son mucho más importantes para que esta propagación se produzca de una forma mucho más natural y efectiva. Hay ciertos contenidos que tienen mayor capacidad de conexión con el público, mayor atractivo para que la gente quiera compartirlo y, por tanto, mayor capacidad de difusión.

Nos movemos en un escenario donde todas las piezas están interconectadas. Por esta razón, teniendo en cuenta que a nivel individual los líderes de opinión más influyentes son los propios amigos y conocidos, el marketing viral persigue que las recomendaciones de un producto se contagien de individuo a individuo (y no únicamente se difundan a través de la comunicación masiva). El objetivo es conseguir un efecto bola de nieve. Para que esto ocurra es necesario que los contenidos posean en la medida de lo posible varias de las siguientes características.

- **Creatividad:** Contenidos atractivos, originales y únicos. Se trata de reflejar la personalidad del artista, de desmarcarnos de otras propuesta, de ofrecer un punto de vista inusual.

- **Valor:** Los contenidos han de tener capacidad de inspirar, seducir, conmover, emocionar, impactar o informar. El público ha de percibir que se trata de un contenido valioso.

▶ **Simplicidad:** La sencillez de la idea comunicada provoca que un contenido sea más susceptible de ser compartido y recomendado.

▶ **Oportunidad:** Contenidos publicados en un contexto y momento adecuados, al corriente de la actualidad, que rompan con lo establecido o proporcionen un giro novedoso.

▶ **Formato:** El contenido debe estar adaptado al soporte, tener un formato óptimo para que pueda ser compartido a través de los diferentes canales. Las imágenes y los audiovisuales son los que mejor suelen funcionar.

Contenidos generados por terceros

Durante el transcurso de nuestra actividad no solo contamos con contenidos de producción propia. Si desarrollamos adecuadamente la promoción de una propuesta musical, podemos incentivar que sean otros los que realicen vídeos, textos e imágenes relacionados con nuestro proyecto. Esto nos permite tener a nuestra disposición material extra que podremos compartir con nuestros seguidores y que además nos servirá para llamar la atención de otros líderes de opinión. Los contenidos generados por terceros cumplen perfectamente la función de retroalimentación del mensaje y dan vida a nuestros canales en las redes sociales. ¿Pero qué contenidos son estos? Por ejemplo alguno de los siguientes:

▶ Entrevistas y reportajes de radio.

▶ Entrevistas y reportajes audiovisuales emitidos en televisiones y plataformas *online*.

▶ Actuaciones en directo emitidas en radio, televisión o plataformas online.

▶ Carteles promocionales de eventos en los que participamos.

▶ Colaboraciones con otros artistas.

- Artículos, reseñas y entrevistas publicadas en revistas, blogs, webs y prensa.

- Fotografías realizadas para acompañar dichos textos periodísticos.

- Material generado por nuestros seguidores.

Eventos

Los eventos son acontecimientos noticiables con un fuerte componente estratégico que nos ayudan a generar experiencias de comunicación. Son muy útiles para conectar con el público y llamar la atención de los líderes de opinión. Los eventos más clásicos dentro de la industria musical son las actuaciones en directo, que como veremos en el capítulo 5, representan además la principal fuente de ingresos del negocio. Otros eventos de comunicación a tener en cuenta son las ruedas de prensa, las firmas de discos, los eventos de *networking* y los conciertos privados para la prensa y profesionales del sector.

Actuaciones en directo

Podríamos resumirlo todo de forma contundente: las actuaciones en directo son la mejor promoción que existe para dar a conocer una propuesta musical. Lo que de verdad hace a un artista o grupo destacar sobre el resto es la asistencia a sus conciertos y su nivel de seguimiento. En este sentido, los conciertos son poderosos actos de comunicación donde se produce una sinergia especial con el público. Convencer a una audiencia con un buen espectáculo es la mejor manera de fomentar movimiento en torno a un proyecto musical, y la excusa perfecta para que los diferentes líderes de opinión difundan información acerca del grupo o solista.

El papel de la música en directo es fundamental para fomentar el boca oreja y hacer crecer de la base de seguidores de un artista. El público ha de salir del concierto con la sensación de que acaba de asistir a un acontecimiento especial. De ahí la importancia de una buena puesta en escena y unos tiempos bien medidos sobre el escenario. El objetivo es conseguir conectar con los asistentes, ganarse su seguimiento y convertirlos en los mejores divulgadores del grupo o solista.

Las campañas publicitarias

Todas las acciones promocionales constituyen por definición una acción publicitaria. Sin embargo, en una campaña de promoción también tenemos la posibilidad de utilizar la publicidad en su sentido más comercial. La finalidad principal es persuadir al público objetivo de forma directa para lograr una acción por su parte (por ejemplo la compra de un disco o de una entrada). Los contenidos publicitarios más habituales son los vídeos, imágenes y publicaciones destacadas en redes sociales, los anuncios adaptados al formato impreso, los *banners*, la cartelería situada en los emplazamientos físicos, los vídeos comerciales y las cuñas radiofónicas. A continuación repasamos alguna de las claves de la publicidad comercial:

▶ El público se muestra mucho más desconfiado con los contenidos de marcado perfil publicitario. Por esta razón los anuncios publicitarios suelen ser menos efectivos que los contenidos elaborados por el propio medio de comunicación. De igual modo, las recomendaciones de amigos y conocidos tienen infinitamente mayor poder de persuasión que una campaña publicitaria. Por tanto una campaña publicitaria ha de ser vista como un refuerzo que potencie estas recomendaciones interpersonales.

▶ La publicidad es percibida como un elemento invasivo. El público ha aprendido a ignorar los mensajes publicitarios, de manera que a veces esta pasividad está tan automatizada que llega a producirse de forma inconsciente.

▶ En la publicidad comercial la segmentación de audiencias es fundamental. El público diana debe estar lo mejor identificado posible. Si queremos promocionar un artista de pop adolescente, no tendría sentido insertar un anuncio en una revista para seguidores de heavy metal.

▶ El precio de la publicidad está determinado por el soporte y la audiencia. Además de estos factores, hay otros que terminan influyendo en el coste final: el emplazamiento y el tamaño del anuncio (en el caso de la prensa escrita), la duración y los horarios (en la radiotelevisión), el alcance (en las redes sociales).

▶ La radio y la televisión son medios de comunicación potencialmente muy influyentes y capaces de alcanzar enormes audiencias. Por esta razón las campañas publicitarias en estos soportes son muy caros, tan solo accesibles para proyectos con alto presupuesto.

▶ Las campañas en redes sociales tienen como objetivo dar más visibilidad y acceder a un mayor número de usuarios. Son las campañas más accesibles para presupuestos modestos, aunque muchos ponen en duda su utilidad práctica. Por otra parte, estas plataformas disponen de buenas herramientas de segmentación. Este tipo de inserción publicitaria resulta especialmente útil en la promoción de conciertos, donde el público objetivo está perfectamente localizado en zonas geográficas concretas.

▶ Muchas campañas publicitarias en Facebook tienen como finalidad llegar a los seguidores con los que ya contamos. ¿Por qué? Porque hace un tiempo esta red social cambió su algoritmo para que las publicaciones de una página nunca llegaran a la totalidad de sus seguidores. Ahora, para lograr solventar este obstáculo, es necesario invertir en publicidad. Incluso en estos casos contamos con la desventaja de la pasividad de la audiencia. Los usuarios se mostrarán mucho menos receptivos ante contenidos publicitarios , lo que puede perjudicar para la imagen de marca de una propuesta.

▶ La inserción publicitaria en medios de comunicación puede ser utilizada como moneda de cambio con algunos medios de comunicación que de otra forma no prestarían tanta atención a ciertas propuestas. Esta práctica es de una ética más bien dudosa, pero tristemente es bastante habitual.

Planificación de una campaña de promoción

Después de todo el trabajo de preproducción realizado, en el que hemos identificado las características de nuestro producto, delimitado el público diana y seleccionado los mejores canales de difusión y contenidos promocionales, llega el momento de disponer todas las piezas sobre el tablero. Es en este paso donde confeccionaremos la hoja de ruta que se va a ejecutar en el día a día de la promoción musical.

En primer lugar, la actividad promocional puede enfocarse de dos maneras distintas según su intensidad y duración:

▶ **Campañas de lluvia fina:** Son campañas de baja intensidad pero muy constantes y prolongadas en el tiempo. El objetivo es que el flujo de información acerca del artista no cese. Se trata de mantener el interés por parte del público y fomentar poco a poco el crecimiento de la base de seguidores. Una de las principales ventajas de las campañas de lluvia fina es que la intermitencia que las caracteriza nunca llega a saturar el público.

▶ **Campañas intensivas:** Son campañas agresivas, intensas y de una duración muy determinada. Se trata de un tipo de campaña planificada al detalle, con unos plazos de ejecución muy concretos. El objetivo es dar a conocer grandes acontecimientos, como por ejemplo un concierto importante o un lanzamiento discográfico. Durante estas campañas el contacto con los medios de comunicación es muy pronunciado y la inserción de publicidad muy común.

Lo ideal es la combinación de ambos enfoques. Si toda nuestra promoción se basa en acciones de baja intensidad, corremos el riesgo de quedarnos estancados y de carecer de la ventaja de la novedad. En cambio si tan solo ejecutamos campañas agresivas e intensas cuando tenemos un acontecimiento importante que promocionar, podemos terminar perdiendo todo lo conseguido cuando cesamos la actividad. La promoción de una propuesta musical debe ser continuada en el tiempo. No debemos sostener la intensidad por tiempo ilimitado porque podemos cansar al público, pero detener todo movimiento es una manera segura de caer rápidamente en el olvido.

Presupuesto

El diseño de la actividad promocional en su conjunto dependerá del presupuesto del que dispongamos. ¿A qué acciones destinaremos principalmente nuestros recursos económicos?

▶ Producción de contenidos.

▶ Contratación de personal externo (si las circunstancias lo permiten).

▶ Inserción publicitaria en medios de comunicación clave.

▶ Publicidad en redes sociales.

▶ Producción de eventos de comunicación.

▶ Envíos de material físico promocional para prensa (por ejemplo, discos o vinilos).

Calendario

El calendario durante una campaña intensiva de promoción está configurado al detalle. Su organización dependerá del presupuesto, de la fecha de lanzamiento, de los contenidos disponibles, de los contenidos nuevos a producir y de los eventos que creamos oportunos realizar. Los plazos están marcados en función de los acontecimientos clave que hemos de convertir en noticia mediante el envío de notas de prensa, dossieres, hojas promocionales, etc. También marcará la ejecución de la campaña en redes sociales.

Duración de la campaña

Una campaña intensiva de promoción puede tener una duración de entre dos y cuatro meses aproximadamente.

▶ **Precalentamiento:** Uno o dos meses antes del acontecimiento principal. El objetivo es crear expectación creciente ante un lanzamiento inminente, un concierto, o cualquier otro evento importante.

▶ **Fecha del acontecimiento principal:** En el caso de un lanzamiento discográfico, ésta será la fecha a partir la cual está disponible el disco en las principales plataformas *streaming*, tiendas virtuales, tiendas de disco físicas y disponible para su venta por correo. En el caso de un concierto estaríamos hablando de la celebración del mismo.

▶ **Después del acontecimiento principal:** Uno o dos meses aproximadamente después de la fecha del acontecimiento principal. El objetivo es hacer un seguimiento, seguir impulsando la campaña, seguir creando expectación, apoyar los distintos eventos, seguir lanzando material nuevo, etc. El final de este periodo marca la transición entre una campaña de promoción intensiva y una actividad promocional de menor intensidad.

Organización de los tiempos en el calendario

Toda nuestra actividad promocional debe estar programada en función de las acciones principales que queramos llevar a cabo. Los plazos de actuación, por su parte, deben escalonarse. Se trata de establecer una hoja de ruta que pueda ser ejecutada de forma ordenada, lógica y accesible.

A continuación proponemos un ejemplo de calendario de actuación genérico para un lanzamiento discográfico estándar:

▶ **Precalentamiento**

Acciones principales:

▶ Lanzamiento de vídeo promocional breve.

▶ Lanzamiento de videoclip.

▶ Concierto privado para prensa y público.

▶ Lanzamiento de un vídeo de la actuación celebrada.

▶ Disponibilidad para reserva de copia física del disco (y su enlace de descarga) por correo a través de web oficial.

Otras acciones:

▶ Negociación de patrocinios con marcas principales.

▶ Negociación de sincronización en sintonías, televisión, etc.

▶ Negociación de publicidad en medios de comunicación clave.

Actuación en medios de comunicación:

▶ Envío de nota de prensa anunciando lanzamiento discográfico y concierto de presentación posterior.

▶ Envío de CD promocionales.

▶ Envío de nota de prensa anunciando el lanzamiento del videoclip.

▶ Convocatoria de prensa para asistir al concierto privado.

▶ Gestión de invitaciones.

▶ Seguimiento de la campaña (relaciones con los medios).

▶ Clipping (recopilación de todo lo publicado).

Actuaciones generales en redes sociales:

▶ Publicación de material gráfico donde se anuncia el lanzamiento del disco.

▶ Publicación de vídeo promocional.

▶ Publicación de videoclip (mediante enlace a Youtube).

▶ Concurso concierto privado: celebración de concurso para fans para asistir al concierto.

▶ Publicación de material de refuerzo: vídeos informales, fotos, imágenes, textos, etc.

▶ Publicación de noticias y contenidos publicados en los medios.

▶ Campaña de publicidad genérica.

▶ Campaña de publicidad para concierto de presentación (con segmentación geográfica según el lugar donde se vaya a celebrar).

▶ **Acontecimiento principal**

Acciones principales:

▶ Lanzamiento del disco en las principales tiendas y plataformas online.

▶ Disponibilidad de venta por correo.

▶ Lanzamiento del disco en tiendas físicas (si se da el caso).

▶ Lanzamiento de *landpage* con toda la información del disco y enlaces pertinentes (para público general).

Actuación en medios de comunicación:

▶ Envío de nota de prensa anunciando que el disco está ya disponible y recordando la fecha del concierto de presentación.

▶ Gestión de invitaciones.

▶ Seguimiento y clipping.

Actuación en redes sociales:

▶ Publicación de landpage del lanzamiento del disco.

▶ Publicación escalonada de seguimiento de las distintas tiendas y plataformas virtuales (*landpage* en Spotify, *landpage* en iTunes, etc).

▶ Continuación de campañas de publicidad en Facebook.

▶ **Post-lanzamiento**

Acciones principales durante el precalentamiento:

▶ Concierto de presentación.

▶ Lanzamiento escalonado del disco completo en Lyric video en Youtube.

▶ Lanzamiento del vídeo del concierto de presentación.

▶ Conciertos de promoción.

Actuación en medios de comunicación:

▶ Gestión de invitaciones.

▶ Nota de prensa anunciando el lanzamiento del vídeo en directo.

▶ Nota de prensa anunciando nuevas fechas de conciertos.

▶ Seguimiento intensivo.

▶ Clipping.

Actuación en redes sociales:

▶ Publicación de lyrics vídeos.

▶ Publicación de vídeos informales (llamamientos a la participación, vídeos en acústico).

▶ Publicación de material de refuerzo: fotos, cartelería, textos, etc.

▶ Publicación de noticias y contenidos publicados en los medios.

▶ Continuación y fin de campañas de publicidad en Facebook.

3

EL ENTORNO ONLINE

Hace algún tiempo que la música grabada se desprendió de su soporte físico y el público comenzó a utilizar la red como canal de intercambio de datos, archivos e información. Gracias a la plataformas *online* y a la distribución digital existen escaparates inimaginables hace tan solo unos años para conectar a los músicos con su público. Internet es un inmenso escenario virtual de comunicación al alcance de nuestra mano. Y la música, no lo olvidemos, es ante todo comunicación.

A continuación repasamos las claves para dar a conocer una propuesta musical a través del medio digital.

Distribución digital

La música grabada en soporte digital puede distribuirse en diferentes ventanas de distribución, tanto gratuitas como de pago. Sin duda, gracias a la popularidad de algunos de estos canales, la distribución digital cuenta con indudables beneficios promocionales.

El mercado digital basa su razón de ser en la venta de descargas y en la reproducción en línea de nuestra música. En la actualidad la tendencia es sin duda el *streaming*, que se ha consolidado como una realidad inamovible en los hábitos de consumo musicales del público.

Ventanas de distribución digital con coste económico

Estas ventanas de distribución nos permiten distribuir música grabada previo pago. Hablamos de canales donde la distribución de música grabada supone un coste económico relativamente pequeño, pero un coste al fin y al cabo.

Las ventanas de distribución de pago cuentan con una enorme popularidad entre los consumidores de música. Ofrecen un empaque profesional al producto, lo que beneficia la imagen de marca de una propuesta musical. Podemos encontrar tres categorías diferenciadas:

- **Plataformas de música en *streaming*:** Este tipo de canales permiten escuchar música *online* sin necesidad de descarga. Además de disponer de sistemas de recomendación automática y listas de éxitos, cuentan con listas de reproducción con una selección de canciones segmentadas, que en la práctica sirven para destacar algunas obras sobre otras en función de distintas categorías de público. Sus usuarios disponen de una versión de pago y otra gratuita publicidad. Algunos ejemplos son Spotify, Deezer o Pandora.

- **Tiendas virtuales:** Estas plataformas permiten la venta de música en soporte digital. Cuentan con listas de los éxitos más descargados y otros sistemas de recomendación donde se destacan los lanzamientos más importantes. Algunos ejemplos son iTunes, Amazon o Google Play.

- **Plataformas de reconocimiento de obras musicales:** Estas aplicaciones reconocen automáticamente qué canción estás sonando a través de cualquier dispositivo de reproducción. Están interconectadas con otras plataformas, lo que permite que una vez que se reconoce la pieza musical se pueda comprar, escuchar en *streaming*, visualizar videoclips, etc. Cuentan con estadísticas y listas de las canciones que más interés despiertan entre los usuarios. La plataforma más popular dentro de esta categoría es Shazam.

Canales de pago más habituales

En la actualidad existen más de 400 plataformas de este tipo. A pesar de la enorme multitud de canales disponibles, no tiene sentido estar en todos y cada uno de ellos. Si no contamos con un presupuesto holgado, es preciso elegir aquellas plataformas que consideremos más adecuadas en función de nuestros intereses y del público objetivo al que queremos dirigirnos. Repasamos las características de las ventanas de distribución más importantes.

- **Spotify:** Esta plataforma de difusión de música en *streaming* cuenta con un amplio catálogo musical y tiene una gran implantación en todo el mundo. En 2015 la plataforma alcanzó los 75 millones de usuarios activos. Se trata, después de Youtube, de la plataforma más utilizada para consumir música en *streaming* (la primera de pago). Por tanto es prácticamente indispensable estar presente en ella para que una propuesta musical tenga empaque profesional, si bien algunos artistas de primera línea pueden permitirse el lujo de prescindir de él gracias a su enorme base de seguidores.

- **iTunes:** La tienda virtual de música de Apple es la principal plataforma de venta de música en soporte digital de todo el mundo. Al igual que ocurre con Spotify, es muy recomendable estar presentes en esta plataforma para proporcionar un perfil profesional a una propuesta. Aun así tiene algunas limitaciones de público objetivo. No todo el mundo descarga música a través de iTunes.

- **Deezer:** Deezer tiene mucha importancia en el mercado francés, por lo que resulta imprescindible estar presentes si nuestro público objetivo reside en este país. Además, esta plataforma está experimentado una crecida progresiva en el resto del mundo.

- **Shazam:** Se trata de la principal plataforma de reconocimiento de canciones. Estar presentes es especialmente útil si nuestra música va a sonar en publicidad, hilos musicales, radios, sintonías o programas de televisión. La aplicación está pensada para ser utilizada en telefonía móvil. Precisamente por eso sus usuarios tienen un perfil juvenil.

▶ **Pandora:** Pandora es una plataforma con unas características muy particulares. Con una interfaz muy sencilla, funciona como un potente sistema de recomendación que reproduce en cadena las obras musicales en *streaming* según las indicaciones del usuario. Es extremadamente popular en el mercado estadounidense, donde es una de las vías más utilizadas para descubrir música nueva. En países como España no está operativo, por lo que sólo tiene sentido como canal de distribución si nuestro público objetivo se encuentra en Estados Unidos, Australia o Nueva Zelanda.

Cómo funciona la distribución en una plataforma de pago

Para difundir una obra musical a través de este tipo de plataformas es necesaria la intermediación de una distribuidora digital que nos cobrará por sus servicios. El tiempo de distribución puede durar entre unas horas o unas semanas, dependiendo del distribuidor y de la plataforma.

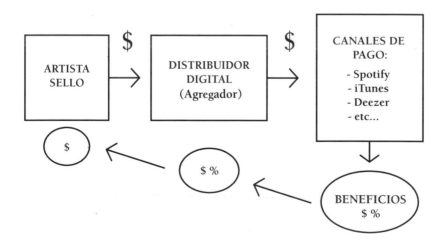

▶ ¿Cómo obtener beneficios a través de las plataformas de pago?

El retorno de la inversión se produce a través de la venta de descargas o de los beneficios generados por la reproducción en *streaming*, independientemente de que esta recaudación se produzca mediante ingresos publicitarios o mediante servicios de subscripción. Los ingresos obtenidos se gestionan a través de la intermediación de una distribuidora digital (o agregador). Las plataformas de distribución se quedan con un porcentaje de los beneficios y, en algunos casos, la distribuidora también.

A la hora de contratar los servicios de una distribuidora es importante tener cuidado con la letra pequeña. No todas las distribuidoras operan del mismo modo. Algunos agregadores se limitan a distribuir las obras quedándose con los posibles beneficios. Por tanto, es recomendable evitar este tipo de trampas. También debemos tener en cuenta que, en algunos casos, existen diferentes intermediarios entre la distribuidora y las plataformas digitales que pueden hacer disminuir los beneficios económicos finalmente percibidos por el artista o sello discográfico. Esto ocurre cuando la distribuidora digital necesita acceder a empresas externas para complementar sus propios servicios.

En la mayoría de las ocasiones, los beneficios obtenidos a través del mercado digital son testimoniales, especialmente en el caso de las reproducciones por *streaming*. Esto significa que en ocasiones la principal finalidad de la distribución digital es meramente promocional. El objetivo principal suele ser facilitar al público el acceso a nuestra obra.

▶ ¿Qué necesito para distribuir mi obra?

- Master digital de la pieza musical en un formato de alta calidad como el WAV.

- Metadatos (título de la canción, nombre del artista, etc).

- Imagen de portada en alta resolución.

- Código ISRC (código estándar internacional de grabación) proporcionado por el distribuidor.

▶ Código UPC/EAN (código universal de producto) proporcionado por el distribuidor.

Ventanas de distribución digital gratuita

Estas ventanas de distribución nos permiten distribuir música grabada
y vídeos de forma gratuita. La distribución a través de este tipo de canales es muy habitual entre los proyectos independientes. Algunas han
alcanzado tanta popularidad entre los usuarios que la presencia de una
propuesta musical de cualquier nivel es prácticamente imprescindible,
especialmente en el caso de la plataforma de vídeos Youtube.

Aunque la principal finalidad de la distribución en este tipo de plataformas es promocional, la mayoría de estos canales nos permiten la
obtención de beneficios a través de la venta de descargas y de la reproducción en streaming. Como contrapartida, estos canales no tienen el
empaque profesional de otras ventanas de distribución. Si a la distribución de pago se le presupone un cierto filtro de calidad (que en el fondo
es relativo, pues cualquier canción puede ser distribuida previo pago),
en las plataformas de distribución gratuita conviven propuestas musicales de todos los niveles junto a otro tipos de contenidos con un perfil
mucho más amateur.

▶ **Plataformas de vídeo en** *streaming*: Estos servicios permiten
   que cualquier usuario suba sus propios vídeos para su reproducción en *streaming*. Estos servicios se encuentran entre los
   canales con más tráfico de Internet. Algunos ejemplos son Youtube, Vimeo, Dailymotion, además del servicio de alojamiento
   de vídeos de Facebook.

▶ **Plataformas de música:** Son plataformas que permiten a subir
   obras musicales entre otros archivos de audio para su reproducción en *streaming*, y en algunos casos para su descarga gratuita
   o de pago. Algunos ejemplos son Soundcloud, Bandcamp o
   Bandpage.

Normalmente no es recomendable estar presente en todas y cada una de estas plataformas, pues en vez de sumar corremos el riesgo de restar. Si optamos por subir nuestra música en la mayor parte de canales posibles, podemos terminar difuminando nuestro mensaje y perder amplitud de difusión. Cuando publicamos el mismo vídeo en Vimeo y en Youtube estamos duplicando contenido y, por tanto, no generaremos tanto impacto.

A continuación repasamos las características principales de las ventanas de distribución gratuita más populares.

- **Youtube:** Se trata del tercer sitio web más visitado después de Google y Facebook, por lo que alcanza a una cantidad de público muy amplio y variado. Esta plataforma es utilizada tanto para visionar vídeos como para escuchar música. Como consecuencia, no sólo es el sitio web audiovisual más popular, sino el canal de reproducción de música preferido de los usuarios (por delante de Spotify, el segundo más usado). La mayor parte del tráfico de Internet es audiovisual, por lo que Youtube también es el segundo motor de búsqueda más utilizado por detrás de Google. Por esta razón es imprescindible que nuestra música esté disponible en Youtube. Los formatos pueden ser muy variados: vídeos en directo, videoclips, lyrics vídeos o, simplemente, la propia canción con una imagen de fondo. El fuerte componente social de esta plataforma hace que sea un canal muy indicado si queremos potenciar la viralidad de nuestros contenidos. Como curiosidad, aproximadamente la mitad de las reproducciones de Youtube son a través de telefonía móvil, lo que hace una idea de la implantación que este tipo de tecnología alcanza en el mercado. Como veremos a continuación, Youtube permite generar beneficios a través de la reproducción en *streaming*.

- **Bandcamp:** Esta plataforma es una de las favoritas entre los músicos independientes para subir archivos de música. Permite la escucha de canciones en *streaming* y la venta de descargas. Su diseño está especialmente pensado para la distribución digital en formato EP y LP.

▶ **SoundCloud:** Esta plataforma tiene una interfaz muy amigable y eficaz. Resulta especialmente útil para subir canciones en internet en formato single. Al igual que Bandcamp, la inserción de su código en sitios webs externos es muy sencilla. Aunque no facilita la venta directa de descargas, sí permite el enlace con otros canales de venta.

▶ **Vimeo:** A pesar de no ser tan popular como Youtube, los usuarios de esta plataforma de vídeos tienen un perfil más profesional. Se trata de un canal muy recomendable si queremos primar la calidad de visionado frente a otros aspectos como la repercusión viral de nuestros vídeos.

▶ **Facebook:** La red social Facebook permite alojar vídeos en sus servidores. Gracias a su enorme implantación en todo el mundo, es un importante competidor frente a otras plataformas. Los principales inconvenientes son su baja calidad de visionado, la enorme saturación de contenidos existente en esta red social y las limitadas opciones de inserción que ofrece para enlazar el contenido en otros sitios webs. Sin embargo cuenta con una enorme ventaja: los vídeos alojados en Facebook alcanzan mayor viralidad dentro de esta red social. El algoritmo de Facebook potencia los vídeos subidos a sus servidores, mientras discrimina exageradamente los enlaces a otras plataformas como Youtube. Como no suele ser recomendable subir un mismo vídeo en dos plataformas distintas, a menudo nos solemos encontrar con la disyuntiva de utilizar un canal u otro. Las opciones son un mayor alcance dentro de Facebook (con un vídeo alojado en esta red social), o una mayor viralidad en el resto de la red (con un vídeo alojado en otras plataformas como Youtube) sacrificando la difusión en Facebook. Por regla general, se suele optar por potenciar los canales de Youtube frente a los vídeos alojados en Facebook. Una posible solución a este dilema es interconectar ambas plataformas, con un *teaser* alojado en Facebook que promocione un vídeo alojado en otra plataforma.

Cómo funciona la distribución en una plataforma gratuita

La distribución de una obra musical en una plataforma gratuita no necesita la intermediación de una distribuidora digital. Es el propietario del master quien sube directamente los temas de forma totalmente gratuita.

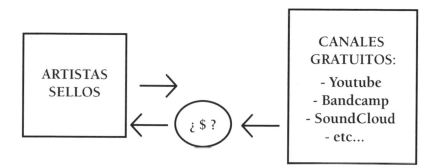

▶ **¿Cómo obtengo los beneficios?**

Es importante resaltar que la mayoría de estas plataformas no permiten generar beneficios a través de las reproducciones en *streaming*, con la excepción de Youtube y Dailymotion. Los beneficios en Youtube se generan gracias a la publicidad. Para ello es necesario sincronizar el canal de vídeo con una cuenta de Google Adsense, la plataforma de inserción publicitaria de Google. En cuanto a la venta de descargas, la plataforma Bandcamp permite este tipo de monetización.

En todos estos casos prescindimos de la intermediación de una distribuidora digital para subir nuestros temas, pero la plataforma se queda con un porcentaje de los beneficios generados.

▶ **Beneficios en Youtube mediante contenidos generados por otros usuarios**

La plataforma audiovisual más popular de la red es además una creciente fuente de ingresos para los creadores de contenidos. Youtube permite generar ingresos a través de la publicidad insertada en los vídeos, ya sea mediante anuncios o *banners*. La gran ventaja que nos ofrece este sitio web es que la monetización no se limita a los vídeos que subimos en nuestro propio canal, sino también a aquellos que suben otros usuarios utilizando alguna de nuestras canciones sin nuestro permiso. Cuando esto ocurre, Youtube identifica la canción y permite obtener beneficios mediante su un servicio denominado Content ID.

¿Cómo funciona este servicio?

▶ Los artistas y los sellos propietarios de los derechos envían el audio o el vídeo de las obras que quieren que Youtube reconozca si otros usuarios hacen uso de ellas. Estos archivos de referencia quedan almacenados en una base de datos de Content ID.

▶ Cada vez que un usuario sube un vídeo el sistema contrasta automáticamente el nuevo contenido con los archivos de referencia y los metadatos almacenados en la base de datos de Content ID. El objetivo es localizar posibles parecidos parciales o integrales.

▶ Si se encuentra una coincidencia, el creador original tiene la opción de mantener el vídeo, bloquearlo, silenciarlo o (esto es lo interesante) monetizarlo mediante inserción publicitaria.

De esta manera autores, artistas y sellos tienen la opción de obtener beneficios cada vez que alguien utiliza una de sus grabaciones. Este sistema también es efectivo con las versiones que otros músicos (amateurs, emergentes o consolidados) suben a Internet, por lo que los autores del tema original se pueden ver doblemente beneficiados.

Aunque subir contenido de terceros va en contra de las normas de Youtube, se trata de una práctica muy extendida. Sin ir más lejos, Youtube anima a los creadores musicales a través de su propia página web a subir versiones de sus artistas favoritos para promocionar su canal. A fin de cuentas se trata de un modelo que genera beneficios tanto para los propietarios de los derechos de una obra, como para la propia empresa.

Para acceder a Youtube Content ID es necesario ser propietario de una cantidad muy elevada de contenido original utilizado de forma masiva por otros usuarios en sus vídeos. Esto no suele ocurrir en el caso de músicos emergentes e independientes. Por esta razón, en la mayoría de los casos, necesitaremos una vez más la intermediación de un agregador autorizado (con su consecuente coste de distribución digital).

Redes sociales

Las redes sociales se han convertido en un elemento central de las co-municaciones del siglo XXI. Su relación con la música es muy estrecha. De entre todas las actividades que se pueden realizar a través de estas plataformas de interacción virtual, sin duda la visualización de vídeos musicales y la reproducción de música es una de las actividades favoritas de los usuarios. Como punto negativo cabe destacar que la mayoría de los internautas perciben una contraproducente saturación de contenidos en las redes sociales.

Qué redes sociales son más útiles en promoción musical

Las oportunidades que nos ofrecen los nuevos canales *online* de comunicación social son extraordinarias. Sin embargo, su utilidad para la promoción musical puede ser muy diferente en función de cada plataforma. La selección de las redes sociales más adecuadas depende de su implantación entre el segmento del público al que nos queremos dirigir y de las características propias del canal. También es importante que clarifiquemos que estar presentes en las redes sociales sin hacer uso de ellas puede ser perjudicial para nuestra imagen.

▶ **Facebook:** Sin duda se trata de la red social más universal, con una fuerte implantación en países de todo el mundo. El 80% de los internautas españoles son usuarios activos de Facebook, cuyo uso está profundamente extendido en todos los segmentos de edad. Una propuesta musical que se promociona en Face-book, y por extensión a cualquier red social, ha de compartir espacio promocional con todo tipo de información. Los usuarios utilizan principalmente esta red social para estar informados de las novedades de sus amigos y conocidos. También tienen gran repercusión los enlaces de interés, entre los que destacan las imágenes virales y los vídeos. Aun así, los contenidos musicales encuentran en Facebook un potente altavoz. Para una propuesta musical de cualquier índole es imprescindible estar presentes en esta red social.

- **Twitter:** El 45% de los internautas españoles son usuarios activos de esta red social. Tiene una fuerte implantación en jóvenes de entre 18 y 30 años, que constituyen casi la mitad de sus usuarios. Esta plataforma resulta especialmente eficaz si queremos enlazar a contenidos externos, reforzar la identidad visual de un artista o viralizar un contenido. Aunque la capacidad de reproducción de vídeos musicales en Twitter es más bien limitada, puede ser una buena herramienta para ayudar a difundirlos. Twitter también resulta especialmente útil para establecer contacto directo con nuestros seguidores o acceder a sus líderes de opinión.

- **Instagram:** El 25% de los internautas españoles son usuarios activos y, a nivel mundial, Instagram cuenta ya con más usuarios que Twitter. Sin duda es una red social con un largo crecimiento por delante. El usuario de esta red social tiene un perfil mayoritariamente joven, con una fuerte presencia en el público femenino y el residente en grandes núcleos urbanos. A nivel musical se trata de una plataforma muy interesante, dado su enorme potencial visual. El principal uso que podemos hacer de Instagram desde el punto de vista de la promoción musical es el refuerzo de la identidad visual de nuestra propuesta, además de publicitar eventos puntuales como conciertos o actuaciones en directo. Su capacidad para la interacción con los seguidores también es uno de sus fuertes.

- **Linkedin:** Se trata de una plataforma con un marcado perfil profesional donde la mayoría de los usuarios cuentan con estudios superiores. Esta plataforma no es la más idónea para conectar con el público musical genérico, aunque puede ser útil para contactar con otras personas del negocio musical, como herramienta de búsqueda de datos o para promocionar una propuesta musical entre un público más profesional (periodistas, mánagers, productores, etc). El 25% de los internautas españoles son usuarios activos de esta red social.

▶ **Pinterest:** Su uso en el marketing musical es limitado. Normalmente está orientado a reforzar la imagen de marca y la identidad visual de un artista. También puede ser útil para ayudar a la viralidad de vídeos musicales y mejorar el posicionamiento en los motores de búsqueda. El 15% de los internautas españoles son usuarios activos de esta red social. Se trata de una plataforma muy visual ideada para compartir imágenes y, en menor medida, vídeos. Estos contenidos están alojados en otros sitios web por lo que en su mayor parte están generados por terceros. Los usuarios de esta red social tienen un marcado perfil femenino. Su implantación es especialmente significativa en mujeres de entre 30 y 45 años.

Gestión de redes sociales

Un community mánager es aquella persona que gestiona el día a día de una comunidad *online*. En la práctica de la promoción musical debemos asumir sus funciones para gestionar las redes sociales de un proyecto (si no podemos delegar en ningún profesional externo). En todo caso, incluso fuera del ámbito de la autogestión, siempre es recomendable que sea el propio artista quien controle las líneas generales de las redes sociales donde está presente. Mucho mejor si está familiarizado a nivel usuario con estas plataformas.

Equilibrio de contenidos: ¿qué tipo de publicaciones hacemos en redes sociales?

Aunque cada red social tiene sus propios códigos, en todas ellas debemos guardar un equilibrio entre los contenidos destinados a fomentar la imagen de marca, los contenidos abiertamente promocionales y otras publicaciones de interés.

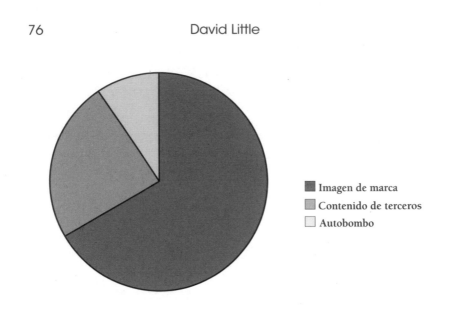

Imagen de marca
Contenido de terceros
Autobombo

▶ **Contenidos destinados a fomentar nuestra imagen de marca**

Este tipo de publicaciones deben ser el grueso de nuestra actividad en cualquier red social. Al menos dos tercios del contenido se ha de utilizar para reflejar la identidad, la trayectoria, la personalidad y el discurso artístico de un proyecto. Música, vídeos, fotografías, contenidos publicados en medios de comunicación sobre nuestro proyecto, novedades, llamamientos a la participación, letras de canciones, diseños... todo ello debe tener cabida en los canales sociales.

▶ **Contenidos de terceros**

Es recomendable reservar un poco de espacio para compartir contenidos externos que no estén directamente relacionados con nuestro propio proyecto, pero que puedan tener cierto interés para nuestros seguidores (enlaces a artículos, vídeos, etc). También podemos aprovechar para compartir contenidos de otros artistas, líderes de opinión y colaboradores potenciales en un ejercicio de relaciones públicas que nos puede beneficiar en el futuro.

▶ **Autobombo**

El autobombo puro y duro nunca debe ser excesivo, sólo un pequeño porcentaje del total de nuestras publicaciones. Aunque en ocasiones puntuales es importante publicitar directamente un concierto o un punto de ventas de entradas, no se ha de ser demasiado agresivo. La sutileza siempre es más eficaz o, por lo menos, más elegante.

Cuál debe ser la finalidad de nuestras publicaciones

▸ Seducir, informar o inspirar.

▸ Conectar con el público objetivo.

▸ Fomentar movimiento en torno a la propuesta.

▸ Fomentar la participación de los seguidores.

Qué formatos funcionan mejor en cada red social

▸ **En Facebook:** El éxito o el fracaso de un contenido publicado en Facebook está determinado por los primeros impactos y reacciones generados en los momentos posteriores a su publicación. Cuando realizamos una publicación, el algoritmo de esta red social comprueba si logra el suficiente interés entre una pequeña muestra de nuestros seguidores. Si el *feedback* es positivo, Facebook ampliará el alcance de la publicación. Si no lo es, apenas lograremos difusión. Este proceso influirá a la larga en la calidad del alcance de nuestra página. Facebook penaliza aquellas páginas cuyos contenidos no logran apenas una respuesta de sus seguidores. Y una vez alcanzado este estatus negativo, invertir la tendencia es bastante difícil. Por tanto, si publicamos con frecuencia contenidos poco atractivos terminaremos por ser administradores de una página inservible.

Teniendo esto siempre en cuenta, los contenidos que mejor funcionan en Facebook son aquellos que se caracterizan por una gran visualidad. Los vídeos pueden alcanzar mucha viralidad, sobre todo si se tratan de vídeos cortos (aunque es importante volver a señalar que el algoritmo de Facebook potencia los vídeos alojados en su plataforma y discrimina los enlaces a vídeos alojados en canales como Youtube). Los textos publicados en esta red social han de ser por lo general breves. También es importante que sean lo más creativos posibles, pues competimos con una ingente cantidad de información y publicaciones. Nunca olvides aportar tu propio toque personal en cada acción que realices a través de las redes sociales.

▶ **En Twitter:** Twitter es probablemente la red social más particular en cuanto a la elaboración de sus contenidos. Los tuits están limitados a 140 caracteres, lo que sin duda determina sus características. Las etiquetas de Twitter (o *hashtags*) nos permiten introducir palabras clave. La red social crea un enlace automático en el que se indexan todos los tuits que utilizan un mismo *hashtag*. Esto resulta especialmente útil tanto como herramienta de comunicación, como vía para mejorar el posicionamiento *online*. No obstante, el uso de los *hashtags* es cada vez más decorativo. Las menciones a otros usuarios (@nombredeusuario) nunca han de estar situadas al comienzo del tuit si queremos que este llegue al *timeline* de todos nuestros seguidores. De lo contrario sólo lo leerán los seguidores comunes de ambos usuarios.

Las imágenes son el contenido que mejor funcionan en Twitter. Por esta razón, en la medida de lo posible, es interesante que nuestros tuits sean lo más visuales posibles. Las características de esta red social, donde las publicaciones caducan muy rápidamente, influyen en el método de la visualización de vídeos. La visualización de contenidos audiovisuales es similar en Twitter a la imagen fija, donde la primera impresión es la más importante y la que potencialmente puede inducir a su reproducción en una pestaña externa.

▶ **Instagram:** Esta red social permite publicar imágenes y vídeos de 15 segundos. Los contenidos que mejor se comportan suelen ser las fotografías. Los vídeos, no obstante, ofrecen unas posibilidades de promoción muy interesantes, tanto para la publicación de vídeos informales para conectar con nuestros seguidores como para la publicación de teasers que logren crear expectación.

Programación

La mayoría de las redes sociales se pueden programar, ya sea directamente o a través de aplicaciones externas. Esto nos brinda enormes posibilidades para administrar nuestras tareas rutinarias y lograr que la promoción online no acapare demasiado tiempo. Técnicamente es posible dedicar un día a la semana para elegir qué publicaciones queremos compartir con nuestros seguidores, y decidir en qué días y horarios van a ser publicadas. Sin embargo, es recomendable no abusar demasiado de la programación de publicaciones. Reservando un mínimo de tiempo diario a la gestión de redes sociales podemos lograr una mayor naturalidad, además de interactuar de forma más inmediata con nuestros seguidores.

Periodicidad

La frecuencia y las horas de publicación están determinadas por las características particulares de la comunidad virtual que estemos gestionando. El parámetro fundamental es la fidelidad de nuestros seguidores. Aunque el tamaño de nuestra comunidad puede ser muy influyente, los resultados que obtengamos dependerán mucho más del compromiso que los seguidores tengan con nuestra marca.

Una cuenta con 8.000 seguidores de los que solo un 10% muestra fidelidad es mucho menos efectiva que otra con 600 seguidores 100% implicados con nuestra propuesta. Como ya hemos visto, cuando Facebook detecta que el contenido carece de relevancia para la mayoría de los seguidores apenas le concede difusión. Esto provoca que las comunidades pequeñas con alto nivel de compromiso tengan mayores posibilidades de crecimiento y viralidad. La situación idónea es una cantidad considerable de seguidores con un alto porcentaje de fidelidad.

¿Con qué frecuencia debemos publicar?

▶ **Facebook:** El algoritmo de esta red social obliga a prestar una especial atención a la periodicidad de los contenidos y el impacto que este tienen entre los seguidores. No podemos ni publicar demasiado, ni dejar que la cuenta caiga en desuso. Si nos excedemos con el número de publicaciones, disminuirá la atención del público, obtendremos un mayor número de valoraciones negativas, nuestras publicaciones tendrán menos impacto y, por tanto, el algoritmo de Facebook entenderá que nuestra página no tiene interés. Si publicamos poco, este mismo algoritmo entenderá que se trata de una página inactiva, y el resultado será aún peor. La cantidad de publicaciones variará en función de nuestra actividad y de las características de nuestra comunidad. Una publicación al día suele ser más que suficiente.

▶ **Twitter:** El intervalo entre un tuit y otro nunca debe ser menor de una hora. De lo contrario corremos el riesgo de saturar a nuestros seguidores, lo que nos dará una imagen de cargantes. Por regla general un ratio de publicación de entre 6 y 8 tuits al día suele ser más que suficiente, si están programadas a horas convenientes. Aquellas cuentas con un marcado perfil publicitario no hará más que ahuyentar a los seguidores. Es ideal que el artista sea usuario activo, así la cuenta tendrá un carácter más personal.

▶ **Instagram:** Una o dos imágenes al día es una cifra realista.

Mejores horas para publicar

Los picos de audiencia están determinados por los hábitos de vida de la población y por las características propias de cada medio de comunicación. Por ejemplo, los niveles de máxima audiencia de la televisión están determinados por las horas de comer y de relax, pues se trata de un medio que poco dado a la portabilidad, que se mira desde el salón o el comedor y que requiere de una atención notable por parte del espectador. La radio, por su parte, registra mayores niveles de audiencia en los horarios laborales, pues es un medio portable cuyo consumo no requiere mucha atención, y que se escucha camino al trabajo (y en el propio trabajo).

¿Qué ocurre en las plataformas *online*? ¿Hay horas más indicadas para realizar una publicación en Internet? ¿Tienen las redes sociales sus propios horarios de máxima audiencia, como ocurre en radio y televisión? Los datos indican que es así.

Los dispositivos que utilizamos para conectarnos a Internet son cada vez más portables (teléfonos móviles, ordenadores portátiles, tablets), por lo que no tenemos la limitaciones del medio televisivo para acceder a los contenidos *online*. Sin embargo, los usuarios interactúan a través de las redes sociales de forma activa, por tanto el consumo de contenidos a través de estas plataformas requiere de ciertas dosis de atención. Esto significa que no podemos, por ejemplo, echar un vistazo a Facebook en el coche sin correr el riesgo de sufrir un accidente.

Estos hábitos de consumo inciden directamente en los horarios donde se registran mayores cantidades de tráfico en internet. Curiosamente, el uso de las redes sociales comienza a subir a medida que transcurre la mañana, para llegar a su primer punto álgido antes de la hora de comer. Durante la tarde las audiencias vuelven a subir progresivamente hasta alcanzar por la noche el pico de máxima audiencia, en torno a las 22 horas.

Si tenemos en cuenta todos estos datos, una publicación a las ocho de la tarde es más efectiva que otra realizada a las ocho de la mañana. Aunque tampoco podemos perder de vista que cada red social posee unas características distintas. La esencia de Twitter está en la inmediatez, por lo que el efecto de la publicación es mucho más automático que en otras plataformas. En Facebook entran otras variables en juego. Las publicaciones en esta red social necesitan cierto margen de tiempo hasta llegar hasta su punto más álgido de alcance, por lo que para lograr mayor repercusión en el horario de máxima audiencia deberemos adelantarnos unas horas e ir dejando que su algoritmo actúe.

Dicho esto, cabe señalar que los horarios de audiencia están determinados por el público objetivo al que queremos dirigirnos. Si queremos dirigirnos a un público profesional, es más recomendable publicar por la mañana que a las nueve de la noche. Si nuestra intención es dirigirnos a nuestros seguidores del extranjero, tendremos que tener en cuenta la diferencia horaria y, además, las grandes diferencias respectos los hábitos y horarios españoles. Por ejemplo, aunque Francia utiliza el mismo huso horario que España, allí las diez de la noche es una hora demasiado intempestiva para realizar una publicación.

Mejores días de la semana para publicar

Al igual que ocurre con los horarios, la audiencia de las redes sociales no es uniforme durante toda la semana. Los niveles de tráfico de las redes sociales van en aumento mediante nos vamos acercando al fin de semana. Es importante tener en cuenta este dato para configurar nuestras redes sociales. Suele ser recomendable utilizar los días centrales de la semana para hacer publicaciones importantes.

Consejos rutinarios para gestionar las redes sociales

▶ Utiliza contenido original en la medida de lo posible.

▶ No utilices contenidos de terceros y los hagas pasar por propios.

▶ Nunca utilices una cuenta personal de Facebook como epicentro de tu actividad promocional. Lo lógico es utilizar una página de Facebook para hacer crecer tu comunidad de seguidores.

▶ Mucho menos recomendable es utilizar cuentas personales de Facebook para marcas, grupos musicales y proyectos artísticos. Esta es una herencia de la extinta red social Myspace que no sirve para nada y que termina siendo perjudicial. Además va contra las normas de esta red social, por lo que pueden borrarnos la cuenta.

▶ Separa en la medida de lo posible tu actividad profesional de tu vida privada en el entorno digital. Es cierto que en algunos ámbitos esto no siempre es posible. Los músicos, escritores, periodistas, actores, directores y artistas en general tendemos a utilizar nuestras redes sociales de forma privada y profesional al mismo tiempo, y las fronteras entre lo uno y lo otro suelen ser muy difusas (utilizamos nuestras cuentas personales para promocionar nuestra música continuamente, sustituimos el email por la mensajería privada, etc). Si podemos evitarlo en la medida de lo posible, hagámoslo.

▶ No obstante, una cuenta personal utilizada con moderación puede ser muy útil como refuerzo de tu presencia *online*. Especialmente en los comienzos de una carrera profesional, o para lanzar un proyecto de nueva creación. Comparte en el muro de tu cuenta personal los acontecimientos más importantes desde la página oficial de tu propuesta musical en Facebook. Pero siempre con cuidado de no saturar a tus contactos personales.

▷ El crecimiento de una comunidad *online* debe ser natural, nunca artificial. El número de seguidores debe crecer como consecuencia de una buena gestión de contenidos, no a través de atajos que a medio plazo resultan perjudiciales. No utilices técnicas como de crecimiento masivo como el *followback* en Twitter (seguir a otros para que te sigan a ti). Es cierto que estas acciones, en un primer momento, pueden servir para maquillar el número de seguidores. Pero una cuenta con miles de seguidores con poco nivel de actividad termina transmitiendo una imagen externa mucho peor que una cuenta con unos cientos de seguidores activos y fieles.

▷ En relación con lo anterior, no compres seguidores en Facebook. Las empresas que ofrecen seguidores suelen ser fraudulentas. El resultado es una página de Facebook con miles de seguidores que no existen realmente. Esto termina perjudicando el alcance en Facebook, cuyo algoritmo penalizará tus publicaciones. Tampoco te fíes de la publicidad de Facebook encaminada a hacer crecer el número de seguidores de una página. Aunque la red social promete que sólo utiliza cuentas reales, no es menos cierto que estos nuevos seguidores suelen tener poca fidelidad, por lo que los resultados pueden ser igual de desastrosos.

▷ Contesta siempre a los mensajes de tus seguidores, tanto en público como en privado. De hecho esta es una de las posibilidades más poderosas que nos brinda la comunicación en redes sociales. Al igual que ocurre en el entorno *offline* (después de un concierto, por ejemplo) la interactuación con el público fortalece los vínculos emocionales con tus seguidores y pone las bases para consolida una comunidad de fans comprometida.

▶ Fomenta la participación, la interacción y la comunicación con tus seguidores. Pregúntales su opinión. Hazles partícipes de tus éxitos.

▶ Utiliza los concursos con cautela para hacer crecer tu comunidad. Esta técnica es útil para llamar la atención del público objetivo, pero su finalidad debe ser únicamente fomentar la participación y el interés, no enganchar a nuevos usuarios ofreciendo premios suculentos. Debemos asegurarnos de que los participantes acaben siendo seguidores de calidad.

▶ No concibas tus publicaciones de forma marcadamente comercial, piensa en aportar contenidos que aporten valor añadido a tus seguidores. Ponte en el lugar del público objetivo. ¿Qué es lo que quieren ver? ¿Qué motivaciones tienen? ¿Te gustaría ver ese contenido publicado en tu timeline de Facebook, Twitter, Instagram o Linkedin?

▶ Juega a crear expectativas. Mide los tiempos. Incentiva el interés y el deseo por conocer tus próximos pasos. Pon la miel en los labios a tus seguidores. A veces la espera hace que el contenido final se saboree con mayor satisfacción.

▶ No podemos dedicar nuestra atención a cientos de redes sociales. Utiliza solo las más adecuadas. Si solo dispones de tiempo y energía para gestionar una cuenta, adelante. Es mejor estar presente en una única red social de forma óptima a tener varias cuentas mal gestionadas.

▶ Si cuentas con una comunidad amplia en Facebook con perfiles muy distintos, acostúmbrate a segmentar tus publicaciones por idioma y zona geográfica. El algoritmo de esta red social lo tendrá en cuenta para potenciar las publicaciones.

▶ Utiliza temas de actualidad como excusa para conectar con tus seguidores: festividades, efemérides, acontecimientos, giras, noticias, etc.

Organizando nuestra presencia online

La maraña de canales donde podemos estar presentes en Internet es abrumadora. Por esta razón, nuestra presencia *online* debe estar bien organizada para ser eficaz. Las plataformas de promoción *online* y ventanas de distribución donde estemos presentes han de funcionar como elementos de un mismo sistema organizado. No sólo se trata de atraer al público potencial hacia nuestra propuesta, sino de contar con una estructura interconectada que consiga regular adecuadamente el tráfico a través de los distintos enlaces.

De dónde proviene el tráfico hacia nuestra propuesta

El acceso del público en Internet se produce a través de distintas vías: motores de búsqueda, redes sociales, ventanas de distribución, contenidos de terceros que enlazan hacia nuestra estructura online y el acceso directo a nuestra web oficial en caso de que esta exista.

PÚBLICO Accede a través de...
- MOTORES DE BÚSQUEDA
- REDES SOCIALES
- VENTANAS DE DISTRIBUCIÓN ONLINE
- WEB OFICIAL
- LINKS DE TERCEROS

Cómo podemos organizar esta estructura

Como vemos en el siguiente esquema, todos nuestros canales oficiales han de estar correctamente enlazados de forma que cuando un usuario los visite pueda navegar fácilmente entre ellos. El objetivo es dirigir el tráfico hacia las plataformas que más nos interesen.

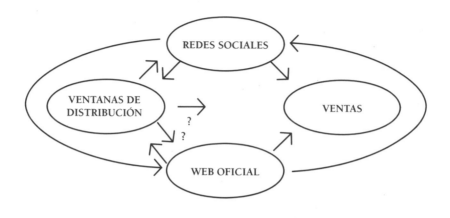

Redes sociales

A través de nuestras redes sociales debemos facilitar el acceso a los contenidos que hemos alojado en las distintas ventanas de distribución, como por ejemplo vídeos de Youtube, canciones de Spotify, discos en iTunes.

Ventanas de distribución

En la medida de lo posible este recorrido también ha de poder hacerse a la inversa. Algunas ventanas de distribución como Spotify o iTunes son más difíciles de gestionar, por lo que puede resultarnos más complicado incluir enlaces hacia nuestras redes sociales o página web. Otras, en cambio, son mucho más accesibles. Por ejemplo, Youtube ofrece la posibilidad de incorporar enlaces en nuestros vídeos con los que poder orientar el flujo de tráfico *online* hacia los sitios web que creamos más convenientes.

Ventas

Asimismo es recomendable que dirijamos el tráfico hacia aquellos sitios web donde nuestros seguidores potenciales puedan comprar entradas de conciertos, *merchandising* o descargar nuestra música grabada. Podemos utilizar una *landpage* para enlazar directamente las plataformas que ofrecen dichos servicios.

Web oficial

A nivel promocional es muy útil contar con una web oficial desde donde centralicemos toda la información sobre la banda. Aunque las webs oficiales han perdido fuelle en favor de otros canales, siguen siendo un elemento importante a la hora de dar un empaque profesional a un proyecto.

Una buena web ha de estar interconectada con el resto de plataformas que conforman nuestra presencia *online*. De este modo nuestros seguidores (o cualquier persona que quiera saber más acerca de nuestro proyecto) tendrán un lugar donde profundizar acerca de la propuesta musical, acceder a las plataformas online donde el artista esté presente, y comprar entradas, música y *merchandising*. Por no hablar del importante papel que tiene una página web dentro del posicionamiento de un producto en internet.

Por cuestiones de imagen de marca y accesibilidad, es recomendable contar con un dominio propio. Si no se tienen conocimientos técnicos suficientes para diseñar una web, existen diversos servicios con los que podemos diseñar una web de forma rápida y eficaz. Hoy en día buena parte de los sitios webs más populares son blogs configurados con Wordpress, Joomla o Wix.

▶ Contenidos de la web oficial

Una página web es un escaparate donde un grupo, solista o autor puede tener una buena muestra de su trabajo. Dependiendo del caso puede tener un enfoque más o menos austero. Lo recomendable es que disponga de los contenidos e información más relevantes acerca del proyecto:

- Presentación general.
- Datos biográficos.
- Vídeos.

▶ Música en *streaming*.

▶ Fotos.

▶ Discografía.

▶ Datos de contacto.

▶ Enlaces de interés.

Cómo podemos mejorar nuestro posicionamiento

Normalmente cuando hablamos de buscadores de Internet nos referimos a Google. Pero otras plataformas también cuentan con potentes motores de búsqueda y sistemas de recomendación. Sin ir más lejos, Youtube se considera el segundo motor de búsqueda más importante de la red. El posicionamiento en estos sitios web es clave para que el público pueda acceder a nuestros contenidos rápidamente.

Es importante señalar que cada plataforma tiene sus propias particularidades. En el caso de Google, el posicionamiento de los resultados de una búsqueda no es universal, sino que está adaptado a las acciones que cada usuario. El motor de búsqueda de Google registra el historial de las páginas que más visitamos para proporcionar mayor visibilidad a aquellos temas que más nos interesan. Para poder visualizar los contenidos sin este baremo individualizado es necesario acceder a través de una ventana de incógnito. En el caso de Youtube, las listas de reproducción pueden beneficiar el posicionamiento dentro de su buscador. Además este canal utiliza la información de Wikipedia y Musicbrainz para organizar sus resultados de búsqueda.

Repasamos a continuación algunas de las recomendaciones generales para posicionar un contenido en la red de forma óptima.

Contenidos

La calidad de nuestros contenidos debe estar por encima de cualquier otra consideración. Los buenos contenidos tienen más posibilidades de estar bien posicionados en un buscador. Cuanto más atractivos sean para el público (y para los líderes de opinión) más tráfico generaremos. Este tráfico de usuarios es la variable principal que el motor de búsqueda tendrá en cuenta a la hora de posicionar un sitio web en su listado.

En el caso de Youtube, el poder de atracción de la imagen destacada de cada vídeo cobra la máxima importancia a la hora de ganar tráfico. Al fin y al cabo, la primera impresión es la que cuenta.

Marca

El nombre artístico es uno de los elementos principales para poder ser encontrados en internet. Si nuestra marca es demasiado similar a otras ya existentes, nos será más difícil conseguir un buen posicionamiento en internet. A pesar de ello, un nombre artístico adquiere valor poco a poco, sobre todo tras una buena campaña de promoción que preste importancia a la calidad de contenidos y a la cobertura de los líderes de opinión *online*.

Palabras clave

Las palabras clave son vitales a la hora de posicionar un contenido en los listados de un buscador, también para posicionar un vídeo en los listados de Youtube. Estas palabras claves deben estar relacionadas con nuestro producto. Debemos utilizarlas en la medida de lo posible en el título de los contenidos que publiquemos, en el texto de nuestras publicaciones en redes sociales, en las descripciones de nuestros vídeos, en nuestro sitio web y en la propia URL de las páginas que queramos promocionar.

Deben aparecer ordenadas de una forma jerárquica y estructurada dentro de los textos que publiquemos. Sin embargo nunca debemos redactar ningún texto de forma que resulte artificial, pues corremos el riesgo de que el buscador lo detecte y lo penalice (además de la lógica pérdida de calidad en nuestros contenidos).

Por último, a diferencia de lo que se suele pensar, excedernos con la cantidad de palabras clave es un error que puede dispersar, en vez de concentrar. Es importante escoger solo las palabras clave más significativas.

Enlaces

Para lograr un buen posicionamiento no sólo es imprescindible que nuestra presencia *online* esté bien interconectada, sino que otros sitios webs enlacen hacia nuestros contenidos. Un importante flujo de tráfico proviene de redes sociales, blogs, webs especializadas y medios de comunicación *online*. Cuando esto ocurre los motores de búsqueda entienden que estos contenidos despiertan interés entre los internautas.

Cuanto más influyentes sean los sitios webs externos que nos enlazan y más usuarios compartan nuestro contenido, mejor posición podremos conseguir en los diferentes motores de búsqueda.

4

LOS LÍDERES DE OPINIÓN

Cómo funcionan los líderes de opinión

Cuando hablamos de líderes de opinión, prescriptores o *influencers,* en esencia estamos refiriéndonos al mismo concepto. Un líder de opinión es una persona (o grupo de personas) que influye sobre otra persona (o grupo de personas). En el ámbito del marketing musical actúan como intermediarios entre una propuesta musical y su público objetivo. Constituyen por tanto un filtro de selección que amplifica y da relevancia a un artista respecto a sus competidores.

Los líderes de opinión pueden ser personas u organizaciones integradas por personas como por ejemplo:

- Un medio de comunicación o plataforma.

- Una marca patrocinadora o colaboradora.

- Una persona que recomienda una propuesta musical a sus seguidores.

- Una persona que recomienda una propuesta musical a sus amigos y/o conocidos.

Sistemas de recomendación automatizada

Es importante tener claro que detrás de un líder de opinión siempre hay un componente humano. Una lista de recomendaciones dentro de una plataforma tiene el don de destacar unas canciones frente a otras, pero sólo podemos hablar de líderes de opinión en el caso de que estas listas estén elaboradas por una persona o grupo de personas, como sería el caso de las listas clásicas de Spotify. Si no es así estaríamos hablando de sistemas de recomendación automatizados que funcionan según sus propios algoritmos.

Estos algoritmos, si bien están programados por personas, siguen unos patrones bien diferentes a los de un líder de opinión como son las similitudes entre canciones, las estadísticas de interactuación de los usuarios, popularidad o los cruces de datos entre otras variables. Algunos ejemplos de sistemas de recomendación automatizada son los vídeos recomendados de Youtube, la plataforma Pandora, o la lista de descubrimientos semanales de Spotify.

Desequilibrio entre oferta y demanda

Gracias al abaratamiento de los costes de producción y a la proliferación de múltiples canales para la promoción de música, existe una infinidad de grupos, solistas y autores compitiendo por los mismos públicos objetivos de cada género artístico. Hoy en día es posible grabar música con parámetros profesionales y distribuirla en plataformas *online* a bajo coste. Además esta distribución digital es global. Un artista puede subir sus canciones a Internet y automáticamente su descarga estará disponible al otro lado del mundo.

En teoría esto permitiría la supresión de todos los intermediarios clásicos, pero es precisamente la saturación de la oferta musical la que provoca que el papel de los líderes de opinión e intermediarios sea más necesario que nunca.

Al contrario de lo que se suele pensar, la promoción musical no consiste en lanzar los mejores contenidos a la red y aguardar pasivamente a que nuestras propuestas sean seleccionadas por el público gracias a sus cualidades. El talento es viral, pero no es el único elemento para que la llama de la viralidad se encienda. Grabar una canción maravillosa, subirla a las redes sociales y sentarse en el sillón a esperar no es una actitud realista. Competimos con infinidad de proyectos con cualidades potencialmente tan significativas como las nuestras. El público no es capaz de asimilar tanta oferta. Destacar una propuesta musical frente a sus competidoras no es tarea fácil.

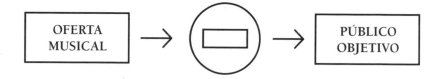

En la práctica, en un entorno plagado de grupos, solistas y autores, sería necesaria una actitud proactiva por parte del público para filtrar y seleccionar entre toda la amalgama de música. Lógicamente no todos los consumidores musicales asumimos este papel. No todo el mundo tiene tiempo para investigar la enorme oferta musical. Las personas y organizaciones que sí lo hacen forman parte de lo que podríamos considerar líderes de opinión actuales.

Cuando una persona recomienda una canción a alguien, hablamos de un fenómeno de prescripción musical. Este fenómeno está presente a pequeña y gran escala, desde el usuario anónimo que comparte la nueva canción de un nuevo artista en sus redes sociales, hasta la radio comercial que da a conocer un éxito potencial a sus oyentes.

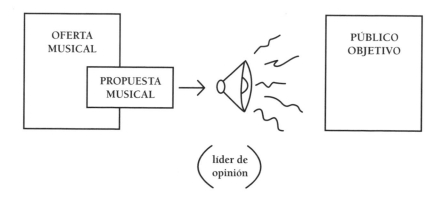

Nivel de audiencia y nivel de influencia

Un líder de opinión destaca una propuesta musical respecto a sus competidoras y la recomienda a su público objetivo. Este es un proceso que, en esencia, siempre es el mismo, desde los mass media hasta la comunicación interpersonal. Pero hay dos variables que influyen enormemente en las probabilidades de éxito:

> **Nivel de audiencia:** el número de personas a las que ese líder de opinión puede llegar.

> **Nivel de influencia:** la confianza que estas personas tienen en el líder de opinión.

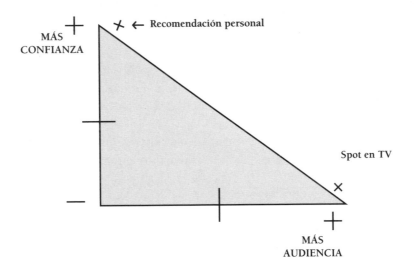

La capacidad de un medio de comunicación de masas de llegar hasta grandes audiencias es clara, pero no garantiza un gran nivel de influencia a todos los espectadores por igual. Por ejemplo, una entrevista musical en un programa de televisión en *prime time* tiene muchas posibilidades de ser visto por un gran número de personas. ¿Cuál es la contrapartida ante un nivel de audiencia tan poderoso? Que el mensaje tiende a difuminarse. Ante la rapidez de los diferentes estímulos, los espectadores se olvidan pronto de los contenidos de los mass media.

Esto sin contar con la alta fragmentación que la audiencia ha experimentado con el crecimiento de la oferta mediática.

En cambio, una recomendación personal posee por regla general un mayor nivel de confianza y atención por parte del receptor. Los publicistas saben desde hace tiempo que los consumidores prestamos más confianza a las recomendaciones de nuestros amigos y conocidos que a los propios anuncios publicitarios. Por esta razón, el objetivo de toda campaña promocional es acabar fomentando la comunicación interpersonal. ¿Cuál es la contrapartida ante un nivel de influencia tan elevado? Que las recomendaciones personales alcanzan audiencias muy limitadas, en el mejor de los casos apenas llega directamente a un puñado de individuos.

Entre el medio de comunicación de masas y la recomendación personal de un conocido existen muchos espacios: cuentas en las redes sociales de nuestros contactos, redes sociales de personalidades con distinto número de seguidores, blogs, medios especializados, medios locales, canales de Youtube, conciertos, eventos, listas de reproducción... y un larguísimo y heterogéneo etcétera. Sin ir más lejos, una de las principales características de la coyuntura actual es que los líderes de opinión están muy difuminados. Si en los años noventa estaba claro a qué medios había que acudir para promocionar un lanzamiento, hoy por hoy disponemos de muchos más canales de conexión con el público (con niveles de audiencia-influencia muy variados y heterogéneos).

Comunicación boca oreja

La comunicación personal es el factor elemental para que una propuesta musical triunfe. Como hemos visto, las recomendaciones personales tienen mucho poder de influencia. Por eso la finalidad de la promoción es incentivar este tipo de comunicación a través de todas las vías posibles. En el marketing musical el público es el mayor impulso para dar a conocer una propuesta. Este nivel de compromiso alcanza niveles extraordinarios en aquellas personas que han tenido la oportunidad de ver a un artista en directo (de ahí también la importancia de que el músico al bajarse del escenario, sea una persona accesible). En el caso de los autores puros que se dedican íntegramente a la composición, los clientes son los que pueden hablar bien o mal de su trabajo. En este caso hablaríamos de un público más profesional, pero de comunicación boca oreja al fin y al cabo. Incluso en el caso de la docencia musical son los propios alumnos los que tienen el poder de recomendar a un profesor u otro.

Aunque los líderes de opinión masivos (por ejemplo una radio musical) tienen más capacidad de difusión, la comunicación interpersonal entre las personas que conforman el público objetivo consiguen niveles de confianza e influencia muy potentes a nivel individual, tanto *online* como por supuesto *offline*. En otras palabras, todos somos líderes de opinión a pequeña escala cuando recomendamos una propuesta musical a nuestros amigos y conocidos.

Pero ambos procesos son complementarios y funcionan de forma interconectada. Aunque el boca oreja sea un proceso de comunicación de persona a persona, funciona mejor cuando viene alimentado desde los líderes de opinión masivos. Cuando un medio de comunicación (o una personalidad con muchos seguidores) recomienda una propuesta musical a su audiencia, hace que una gran cantidad de público tenga conocimiento de su existencia. Aunque el nivel de confianza es menor que en caso de una recomendación personal, el efecto de amplificación del líder de opinión masivo provoca que sean más las personas que hablen entre ellas sobre la propuesta musical recomendada. Si una canción es recomendada desde un medio de comunicación, hay más posibilidades de que una mayor cantidad de personas se interesen por ella y que, a su vez, la recomienden a sus amigos y conocidos. Es decir, la comunicación masiva incentiva la comunicación boca oreja.

El papel de los líderes de opinión en la viralización de los contenidos es fundamental para la difusión del mensaje. La gran mayoría de contenidos que consiguen ser virales lo hacen gracias a la intervención de emisores con gran capacidad de difusión e influencia. Este efecto de amplificación y de contagio es un bucle continuo que se ha de alimentar. No se trata de elegir algunos intermediarios y dejar que el mensaje se divulgue por arte de magia. Para que un grupo o solista cale en el público objetivo, es necesaria una sucesión de impactos. Es muy extraño que una canción, vídeo o mensaje musical consiga seducir al público con tan solo un flechazo.

Alimentando el bucle

Cuando una canción suena en una radio musical se produce un flujo de comunicación descendente (desde la emisora hasta su audiencia). Si esta canción logra captar la atención de una serie de personas y después estas la recomiendan a otros individuos, se produce un flujo horizontal (de persona a persona). El proceso se puede repetir de forma ascendente cuando un medio de comunicación presta cobertura a una propuesta musical que está dando mucho de qué hablar entre un segmento de público determinado.

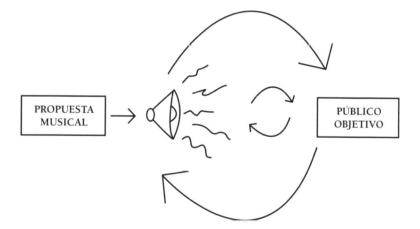

Este bucle de comunicación se ha de potenciar y retroalimentar. Para ello es necesaria la búsqueda proactiva de la intermediación de los diferentes líderes de opinión y lograr que estos divulguen nuestros contenidos y hablen sobre nuestra propuesta musical. ¿Cómo podemos conseguirlo? Sin duda es una labor compleja donde, como veremos en siguientes apartados, las relaciones públicas cumplen un papel determinante.

Identificación de líderes de opinión

Una de las principales funciones de la promoción musical es identificar a los líderes de opinión que influyen sobre el público al que nos queremos dirigir. El perfil de su audiencia debe ser similar a la de nuestros seguidores potenciales. Por ejemplo, si somos un grupo de rock, nos interesa que los intermediarios que difundan nuestro proyecto tengan una audiencia aficionada al rock (medios, blogs, festivales, críticos, listas de reproducción, marcas, etc). Otro ejemplo: si queremos promocionar un concierto en Barcelona, no nos interesa la intermediación de un líder de opinión cuyos seguidores residan en Lisboa.

Se trata de hacer una investigación exhaustiva de los intermediarios que amplificarán nuestro mensaje, que actuarán como filtro, que recomendarán la música de nuestro grupo a otras personas, que alimentarán el boca oreja y que compartirán nuestros contenidos. De ahí la importancia de definir y segmentar bien el *target* de nuestro proyecto.

- ¿Qué líderes de opinión influyen sobre nuestro público?

- ¿Qué medios de comunicación son los más adecuados? Páginas web, blogs, radios, televisiones, revistas, medios especializados, etc.

- ¿De qué personalidades es seguidor? Músicos, actores, escritores, artistas, deportistas, etc.

- ¿Qué listas de recomendación de qué plataformas son las más adecuadas? Spotify, Deezer, iTunes, etc.

- ¿Con qué marcas comerciales conecta mejor? Bebidas, moda, alimentación, tecnología, etc.

Colaboraciones

Las colaboraciones cumplen una labor importante a la hora de hacer crecer a una comunidad de seguidores. Estas colaboraciones pueden ser entre músicos únicamente, pero también entre músicos y marcas, medios y otro tipo de artistas. Gracias a este intercambio podemos compartir la atención de nuestros seguidores en beneficio de ambas partes, actuando recíprocamente como prescriptores. Por ejemplo, si una tienda de ropa nos presta su vestuario para la grabación de nuestro videoclip, podemos alcanzar mayor difusión gracias a la promoción que hará la marca de nuestra producción y, a su vez, nosotros promocionaremos su ropa entre nuestros seguidores.

En el caso de las colaboraciones estrictamente musicales este beneficio mutuo es obvio. Aunque suele ser poco frecuente que los artistas con cierto nivel de reconocimiento accedan a colaborar con otros que se encuentran en un punto menos avanzado de su carrera. La razón es que las colaboraciones musicales se rigen por interés comercial mutuo o por el pago de un caché. La sintonía artística y/o personal puede a veces ser el desencadenante de una colaboración, pero normalmente en ciertos sectores suele quedar en un papel secundario.

Gestión de bases de datos

Una vez hayamos realizado una investigación exhaustiva acerca de cuáles son los intermediarios más adecuados para conectar con nuestro público objetivo, el siguiente paso será recopilar los datos de contacto de las personas específicas que nos pueden servir para difundir la música. Estamos hablando del personal que trabaja en los medios de comunicación, aquellos que configuran las diferentes listas de recomendación, community mánagers, periodistas, blogueros, personalidades, críticos musicales, personas influyentes sobre otros intermediarios, creativos publicitarios de las marcas que conectan con nuestro *target*, personas de la industria musical, etc.

- ¿Quiénes trabajan en los medios de comunicación que influyen sobre nuestro *target*?
- ¿Quiénes efectúan las listas de recomendación que escucha nuestro *target*?

▶ ¿Qué periodistas musicales *freelance* escriben sobre propuestas musicales similares?

▶ ¿Quiénes trabajan en los departamentos de comunicación de las marcas que conectan con nuestro *target*?

▶ ¿Qué creativos publicitarios trabajan en los anuncios de esas marcas?

▶ ¿Qué trabajo que se ha hecho hasta ahora a nivel promocional?

▶ ¿Qué medios de comunicación hablaron del grupo?

▶ ¿Qué otras personas se han interesado por su trabajo?

▶ ¿Qué líderes de opinión influyen a su vez sobre todos estos contactos?

▶ ¿Dónde podemos encontrar los contactos de todas estas personas?

Procedimiento para la búsqueda de contactos

El objetivo es configurar y actualizar una base de datos lo más completa posible: teléfono, emails personales, cuentas en redes sociales, ciudad, medio de comunicación, cargo, etc. Encontrar todos estos contactos no siempre es tarea fácil. ¿Por dónde podemos empezar?

▶ Las principales vías son las redes sociales (especialmente Linkedin, Facebook y Twitter especialmente), los motores de búsqueda, las páginas webs oficiales, los blogs personales y las agendas de comunicación. A partir de ahí, vamos a tener que buscarnos la vida.

▶ Nos interesa conseguir el contacto de la persona indicada. Durante la ejecución de la campaña de promoción los datos de contacto impersonales no nos servirán de mucho. Hemos de intentar ir más allá de teléfonos de centralitas y cuentas de correos genéricas tipo "info@mediodecomunicacion.com". Normalmente nadie atiende a este tipo de comunicaciones.

▶ En el caso de la prensa escrita *online* y *offline* es interesante atender a las firmas de quienes escriben los artículos, críticas y entrevistas de aquellos proyectos musicales con características similares al nuestro.

▶ No hay ninguna regla estricta al respecto. Se trata de indagar el máximo posible. En ocasiones un contacto nos va llevando a otro. Es importante insistir vía telefónica: llamar y preguntar por el responsable del departamento o sección clave.

▶ Debemos prestar especial atención a los contactos que ya conocemos y a aquellos que ya se han interesado por nuestro proyecto.

▶ Una vez que completemos nuestra búsqueda, el trabajo no habrá terminado. Una base de datos requiere de una actualización constante. Al cabo de un par de meses algunos contactos habrán dejado de trabajar en sus puestos, algunos medios habrán desaparecido, mientras que otros nuevos se habrán abierto paso.

Comunicación con los líderes de opinión

El kit de prensa

Las herramientas que conforman nuestro kit de prensa son aquellas que enviaremos a los medios de comunicación entre otros líderes de opinión para que divulguen nuestra propuesta musical. El objetivo de las relaciones con la prensa no consiste tan solo en convencer a los medios, sino en facilitar el trabajo y proporcionar toda la información necesaria a periodistas, críticos musicales, blogueros y departamentos de producción.

Dossier de prensa

Este instrumento de venta nos sirve para presentar una propuesta musical de forma extensa. El dossier de prensa es muy similar al documento utilizado en la contratación de conciertos. La principal diferencia es que en este caso hemos de utilizar los códigos periodísticos para conectar con las personas que trabajan en los medios de comunicación. El diseño ha de ser siempre atractivo, reflejar la identidad visual del proyecto y contar en la medida de lo posible con fotografías y logotipos.

Un buen dossier debe incluir la siguiente información:

- Presentación breve con los datos más importantes.
- Estilo musical.
- Biografía (ha de ser breve, normalmente se recomienda escribirla en tercera persona).
- Discografía.
- Datos de contacto.
- Enlaces a material audiovisual del grupo o solista.
- Extractos de artículos, entrevistas o reseñas publicadas.

Hoja promocional de la propuesta o lanzamiento

Una hoja promocional es un documento donde de forma muy resumida se presentan las características de un lanzamiento discográfico, de un evento que vayamos a celebrar o de una propuesta musical en general. Su extensión no debe ser nunca superior a una o dos caras, pues la idea es que la hoja promocional pueda ser impresa en un solo folio. Al igual que el dossier, su diseño debe ser muy visual. Tampoco debemos olvidarnos de proporcionar la siguiente información:

- Presentación breve con los datos más importantes.
- Estilo musical.
- Características del lanzamiento o evento.

▶ Datos biográficos breves.

▶ Enlaces a material audiovisual y datos de contacto.

Notas de prensa

Una nota de prensa es un documento donde de forma estructurada anunciamos un acontecimiento noticiable, como puede ser el próximo lanzamiento de un disco o la celebración de un concierto. Se suelen enviar de forma periódica y planificada durante una campaña de promoción. La utilización de los códigos periodísticos es muy importante en la redacción de una nota de prensa. Aunque es recomendable que su diseño sea visual, la forma nunca debe ser un obstáculo frente al contenido. Siempre debe primar la estructura de la información antes que el diseño. La redacción de una nota de prensa debe estructurarse de la siguiente manera:

▶ Titular descriptivo y llamativo.

▶ Entradilla (quién, qué, cómo, cuándo, dónde y por qué).

▶ Primer párrafo con la información más importante.

▶ Párrafos adicionales donde desarrollaremos la información.

▶ Datos de contacto.

▶ Enlaces de interés.

Convocatoria de prensa

Una convocatoria de prensa es un documento donde solicitamos la asistencia a un evento que se va a celebrar próximamente, como pueden ser una rueda de prensa, un concierto o una firma de discos. Su redacción es más breve y concisa que la de una nota de prensa. Debe contener los siguientes elementos:

▶ Titular.

▶ Evento que se va a celebrar.

▶ Fecha, hora y lugar donde se va a celebrar.

▶ Descripción del evento a celebrar.

▶ Datos de contacto.

▶ Enlaces de interés.

Contenidos adicionales del kit de prensa

Además de estas herramientas específicas, un kit de prensa debe incluir aquellos contenidos audiovisuales que puedan ser de utilidad para los destinatarios. Son una muestra significativa de la propuesta musical.

▶ **Fotografías promocionales:** destinadas a acompañar los artículos, entrevistas, reportajes y reseñas que publiquen sobre nuestra propuesta musical. Deben tener una alta resolución para poder ser publicadas en prensa escrita. Se han de proporcionar imágenes verticales y horizontales.

▶ **Música grabada:** disponibles en formato digital (*streaming* o mp3). Debemos elegir las canciones que mejor representen nuestra propuesta musical. No debemos excedernos con el número de temas, tres son más que suficientes para hacerse una idea de las características del proyecto.

▶ **Vídeos:** los videoclips o vídeos en directo pueden ser muy útiles tanto para medios *online* como para televisiones. Debemos procurar que los vídeos estén realizados con los mejores parámetros de calidad posibles.

Digitalización del kit de prensa

Nunca debemos enviar un kit de prensa completo por email si no se nos solicita. Como veremos en la siguiente sección, el primer paso para entablar contacto con un medio de comunicación es otro. De todos modos, aun teniendo la disposición por parte del destinatario para recibir los diferentes elementos del kit de prensa, no es conveniente adjuntar material pesado en nuestras comunicaciones. Por tanto, es imprescindible que los diferentes contenidos estén disponibles en la red tanto para su descarga como para su visualización *online*.

▶ **Visualización** *online*: Para la correcta visualización *online* del diverso material del dossier podemos elaborar una *landpage* con toda la información. ¿Y qué es una landpage? Se trata de una web de una sola página donde proporcionamos la información más importante, los enlaces de descarga, los vídeos en *streaming*, la música, las fotografías más importantes, los datos de contacto, etc. Es recomendable que está página web esté interconectada con nuestra estructura *online* (redes sociales, web oficial, plataformas *streaming*, tiendas virtuales, etc). En la práctica una *landpage* es una digitalización de una hoja promocional interactiva. De hecho, una página web en su conjunto puede ser concebida como la versión digital de un dossier.

▶ **Material descargable:** Es recomendable habilitar enlaces para descargar nuestro material promocional (archivos en MP3, PDF, JPG, MPEG, etc).

Relaciones públicas, convenciendo a los líderes de opinión

La promoción de una propuesta musical es por definición un trabajo de relaciones públicas donde vamos a tratar con personas. Este trato es lo que marcará la ejecución de una campaña. La actividad promocional es un trabajo de oficina donde los correos electrónicos, las llamadas de teléfonos y los contactos interpersonales marcan la rutina del día a día.

La comunicación entre personas es la sustancia que lo mueve todo. Es el elemento que decide si merece la pena difundir un contenido, recomendar una propuesta, entrevistar a un artista o utilizar una canción en un anuncio, por ejemplo. No debemos olvidar que la industria musical, los medios de comunicación, las agencias de publicidad, los departamentos de marketing de las marcas y la totalidad del público general están integrados por personas. Todos somos individuos con circunstancias vitales distintas, con distintas formas de ser, de pensar y de sentir. Por tanto el tacto, la diplomacia y el don de gentes serán la razón de ser del día a día de una campaña promocional.

El objetivo de las relaciones con los líderes de opinión es ofrecer contenidos a estas personas u organizaciones que puedan resultar de interés para su público objetivo. Nuestra misión es convencerles de las cualidades de la propuesta musical que estamos promocionando, facilitarles las herramientas y la información suficientes, ayudarles a que puedan realizar su trabajo de la forma más sencilla posible y estar al tanto de sus necesidades. La finalidad última es conseguir que la persona con la que estamos tratando actúe como filtro y recomiende el contenido a su audiencia.

El baremo de los líderes de opinión

¿Por qué los líderes de opinión atienden a algunas propuestas musicales y no a otras? ¿Qué factores inclinan la balanza? A continuación repasamos los aspectos más importantes.

▶ *Target* **compartido**

Los líderes de opinión prestan más atención a aquellas propuestas que consideran más atractivas para su audiencia, seguidores, compradores o clientes. Por esta razón, para que una buena negociación llegue a buen puerto, al artista y al líder de opinión les debe interesar acceder a un mismo público objetivo.

Repasamos algunos ejemplos clásicos:

▪ Cuando una revista especializada en música rock hace una entrevista a un grupo, es porque entiende que ese grupo puede ser interesante para sus lectores. Sería muy extraño que una revista de heavy metal prestara cobertura al último lanzamiento de un artista de cante jondo.

▪ Cuando un evento va a tener lugar en una zona geográfica determinada, normalmente serán los medios que operan en dicho lugar los interesados en cubrir la noticia. Por regla general un medio regional no cubrirá la noticia de un concierto que se va a celebrar en lugares remotos.

▶ Cuando una marca de ropa y un cantante llegan a un acuerdo de patrocinio, es porque ambos entienden que se beneficiarán mutuamente y conseguirán posicionarse entre un segmento de público con un perfil determinado.

▶ Cuando una agencia de publicidad decide que una canción es idónea para un anuncio, es porque entiende que ayudará a conectar con el público al que quiere dirigirse la marca.

▶ Nivel de seguimiento del artista

Un artista conocido tiene muchísimas más posibilidades de lograr espacios promocionales que otro emergente. La justificación es simple: una propuesta musical con un nivel de seguimiento elevado hará crecer las ventas, la reputación o la atención de un medio de comunicación o marca comercial. Esta es una de las razones por la que la promoción de artistas noveles es extremadamente complicada. Los espacios a los que pueden acceder son muy limitados.

▶ Recomendaciones de terceras personas

La decisión de dar difusión a una propuesta frente a otra está influenciada por la recomendación personal. Estas recomendaciones determinan nuestras acciones. Como hemos visto, está estudiado que nos fiamos más de la recomendación de un amigo que de un anuncio publicitario a la hora de comprar un producto. También está demostrado que la mayoría de los puestos de trabajo se cubren por cauces extraoficiales. En este sentido la promoción musical es muy similar a la búsqueda de empleo.

En el negocio musical la saturación de la oferta provoca que el filtrado de propuestas sea muy complicado. Hay mucha cantidad de información y los líderes de opinión no disponen de tiempo material para atender a todo lo que reciben. Para que una propuesta musical tenga más posibilidades de ser tenida en consideración, es necesaria la recomendación de una persona de confianza.

▶ **Cualidades de la propuesta**

Para que una persona recomiende una propuesta musical a sus amigos y conocidos debe haber al menos una conexión emocional con el contenido. De ahí la importancia de buscar calidad en los contenidos y elementos diferenciadores que consigan resultar atractivos para el público. Lo mismo ocurre con los líderes de opinión masivos.

▶ **Bucles de comunicación**

Como veíamos en apartados anteriores, todos los líderes de opinión están interconectados. De manera que un prescriptor puede ejercer su influencia sobre otro. Estos flujos de comunicación están en continuo movimiento. Cuando una propuesta musical aparece en la portada de una revista especializada, no sólo provoca el interés del público general sino el de otros medios especializados. Del mismo modo, cuando una propuesta musical genera movimiento en la red puede provocar el interés de otros líderes de opinión.

▶ **Inserción publicitaria en medios de comunicación**

La inserción publicitaria es frecuentemente utilizada como moneda de cambio. Una propuesta musical que viene de una agencia, discográfica o empresa que paga publicidad a un medio de comunicación, tiene muchas más posibilidades de salir en los contenidos de dicho medio que otra propuesta musical que no lo hace. Aquellos medios donde se haya pagado publicidad se mostrarán más receptivos a incluir entrevistas, críticas, reportajes, portadas, etc.

Esta es una de las principales razones por la que muchos presupuestos de marketing terminan disparándose. No es una práctica del todo ética y en algunos países roza la ilegalidad. Por fortuna, la inserción publicitaria tampoco garantiza la cobertura por parte de un medio. Algunos periodistas pueden sentirse insultados en su integridad como profesionales independientes.

▶ Envío físico de material promocional

El envío de material de cedés, vinilos y merchandising puede constituir otro factor para inclinar la balanza de la atención hacia una propuesta musical. La música grabada en formato físico se sigue utilizando con fines promocionales, especialmente si queremos establecer un contacto positivo con una persona afín al coleccionismo. Normalmente estas personas provienen de una generación que ha conocido el apogeo de la copia física, que reconocen un valor añadido en el objeto frente al soporte digital.

Adaptando el mensaje al receptor

Si vamos a comunicarnos con un medio de comunicación, debemos dominar los códigos periodísticos. No sólo en las herramientas promocionales que utilicemos (notas de prensa, dossieres de prensa, etc), sino en nuestras propias comunicaciones interpersonales con los periodistas.

Del mismo modo también tendremos que adaptar nuestro lenguaje en función de si tratamos con un departamento de comunicación, de una marca comercial, de una agencia de publicidad, o de cualquier otro líder de opinión. En términos musicales sería como adaptar el repertorio al público.

Calidad de comunicación según el canal

Nuestra capacidad de influencia dependerá en buena parte de cómo se efectúe la comunicación con nuestro interlocutor.

- **Comunicación cara a cara:** Se trata del nivel de comunicación más efectivo e influyente. En la comunicación cara a cara la confianza es siempre más estrecha. Aquí es importante tener en cuenta que el 80% de los mensajes durante una conversación se producen a través de comunicación no verbal.

- **Comunicación vía telefónica:** Durante una conversación telefónica la comunicación no verbal es más limitada, se reduce a la paralingüística (volumen, tonalidad, ritmo, silencios, etc). Sin embargo, este canal consigue niveles altos de conexión entre los interlocutores. El teléfono es una herramienta fundamental en el trabajo de relaciones públicas desempeñado durante una campaña de promoción.

▶ **Comunicación vía email:** Las comunicaciones por email son frecuentes como primera toma de contacto. El correo electrónico es una vía útil de intercambio de información y contenidos. Aunque en el negocio de la música impera la informalidad, en una campaña promocional es imprescindible contar con una redacción impecable.

▶ **Mensajería privada en redes sociales:** Aunque en ocasiones no queda más remedio que utilizar las redes sociales para contactar de forma privada con una persona, esta vía tiene sus impedimentos. El destinatario puede sentir invadida su privacidad (con razón).

▶ **Comunicación pública en redes sociales:** Suele ser menos efectiva que una comunicación por mensajería privada, pero sin duda se trata de una forma mucho menos invasiva. La principal desventaja es que dejamos constancia pública de que este contacto se ha producido.

Metodología de trabajo al enviar una nota de prensa

A continuación detallamos los pasos más comunes a la hora de enviar una nota de prensa y establecer contacto con un interlocutor.

▶ **Envío de email breve de presentación con enlace a nota de prensa (o nota adjunta) y a contenidos destacados.**

    ▶ Personalizar email del envío en la medida de lo posible.

    ▶ Comenzar con los contactos que ya conocemos. Si conocemos al contacto personalmente tenemos mucho terreno ganado, porque se mostrará más receptivo para atendernos. Más aún si en ocasiones previas se ha llegado a un acuerdo.

    ▶ Seguir con otros medios y contactos.

▶ **Seguimiento (llamada de teléfono). Una vez hayamos enviado las notas de prensa, toca levantar el teléfono e intentar convencer al interlocutor de las cualidades de nuestra propuesta.**

▶ Llamada de teléfono.

▶ Intentar convencer de las cualidades de la propuesta musical para la realización de entrevista, noticia, portada, etc.

▶ Intentar convencer por qué esta propuesta musical es un valor añadido que los lectores / seguidores del medio agradecerán.

▶ Utilizar un lenguaje cordial pero educado.

5

LA CONTRATACIÓN DE CONCIERTOS

A lo largo de la historia, la música en vivo ha sido junto a la docencia la principal fuente de ingresos de los músicos. Aunque, si lo pensamos detenidamente, el surgimiento de la música grabada es una especie de anomalía en la historia de la música. Cuando a mediados del siglo XX se comenzó a popularizar la venta de discos, fueron numerosas las voces críticas entre los músicos profesionales preocupados al ver peligrado su trabajo por culpa de estos nuevos hábitos de consumo que permitían al público reproducir obras musicales en sus hogares sin necesidad de una actuación en directo. Afortunadamente esto no llegó a ocurrir y gracias a la promoción de la industria discográfica el sector de la música en vivo se vio beneficiado.

Tras la crisis del sector, el directo se ha consolidado como uno de los ejes esenciales de la música como forma de vida. Dentro de la lógica diversificación de las actividades del músico de a pie, la actuación musical ante un público, sea cual sea el ámbito en la que esta se produce, constituye normalmente la actividad que mayor número de ingresos suele ofrecer. La desaparición de la venta de discos como principal modelo de negocio no ha hecho más que acentuar este hecho en la industria musical en su sentido más amplio. A gran escala, tras la crisis discográfica la música en directo se ha vuelto a colocar como principal actividad del sector.

Management

Las funciones de un mánager varían en función de los casos concretos. El management engloba una amplia variedad de labores que a veces son tareas especializadas pero que también pueden estar abarcadas por una misma persona. Podemos clasificarlas en las siguientes categorías:

> **Management:** Un mánager en sentido estricto es aquella persona que representa y orienta al artista en busca del desarrollo óptimo de su carrera dentro de la industria de la música. En términos generales el mánager coordina la carrera del artista. Esta relación debe sustentarse en la confianza mutua entre ambos.

> **Booking:** La contratación es otra de las principales funciones del management y una de las más requeridas en la actualidad en el negocio musical. El *booking* tiene un fuerte componente comercial orientado a la búsqueda de conciertos. Por esta razón este capítulo está especialmente centrado en este tema.

> **Road management:** Esta función está relacionada con la producción. El road mánager es el encargado de que toda la maquinaria funcione durante giras y conciertos en busca de un desempeño óptimo del trabajo. La persona responsable de esta tarea debe gestionar adecuadamente horarios, viajes, hoteles o pruebas de sonido, y solucionar cualquier imprevisto que pueda acontecer antes y después de la realización del concierto.

> **Comunicación:** A menudo las tareas de promoción, cartelería, redes sociales y relaciones con los medios de comunicación están coordinadas desde el management, especialmente si hablamos de música en vivo. Es necesario dar a conocer al público por todos los cauces posibles que un concierto y/o gira se va a producir.

Analizando los circuitos de música en vivo

En la industria de la música en vivo conviven distintos circuitos muy diferentes entre sí. Dependiendo de las características propias de nues tro producto musical, el circuito al que está encaminado puede variar extraordinariamente. Por tanto, el primer ejercicio que debemos hacer antes de ejercer las labores de búsqueda y contratación de conciertos es la planificación y definición de la propuesta musical que estemos representando. Para ello podemos comenzar respondiendo a las siguientes cuestiones

▶ ¿Qué estilo musical es?

▶ ¿Somos los principales responsables financieros del proyecto?

▶ ¿Se trata de una banda o un solista?

▶ ¿Es un proyecto de versiones o de repertorio original?

▶ ¿A qué segmento de público está dirigido?

▶ Y sobre todo: ¿quién ejerce de promotor?

¿Quién ejerce de promotor?

El éxito de un concierto dependerá de la afluencia de público. Este riesgo económico es asumido por la figura del promotor. Por esta razón, antes de buscar y cerrar una fecha, debemos identificar claramente quiénes son los responsables financieros de la actuación musical.

El promotor externo

Cuando hablamos de promoción externa el riesgo económico siempre recaerá en una persona u organización ajena a nuestro proyecto musical. Los ejemplos más clásicos son las promotoras de grandes eventos y los ayuntamientos. Sin embargo, también es muy frecuente la promoción externa en circuitos con un público objetivo muy concreto y fiel como son el flamenco, el jazz y los conciertos de versiones. En estos casos es común que sea la propia sala de conciertos la que ejerza de promotora. Cuando esto ocurre el objetivo del gerente de la sala es conseguir público propio y fomentar su imagen de marca. El éxito de este tipo de salas, depende tanto de la comunicación externa de la propia sala como del buen criterio del programador. Muchas salas y locales de pequeño aforo en pequeñas ciudades suelen funcionar de este modo. Otro ejemplo clásico de promoción externa son las actuaciones en hoteles, restaurantes y eventos privados.

La principal labor de management en las actuaciones en las que se cuenta con promoción externa consiste en negociar un caché con el promotor (teniendo en cuenta los gastos y los honorarios del artista y su equipo).

El artista y/o mánager como promotor

En ocasiones la figura del promotor puede recaer en el propio artista o en su agencia de management. Cuando esto ocurre debemos abarcar todos los gastos de producción, alquilar el recinto donde se va a realizar el concierto, pagar al equipo técnico y de seguridad. El ejemplo clásico lo tenemos en el alquiler de salas.

Normalmente el precio de alquiler de una sala viene determinado por el aforo y la disposición geográfica del recinto. La inmensa mayoría de las salas de conciertos pueden actuar en mayor o menor medida como proveedoras de servicios mediante alquiler. Las salas de mayor aforo, por regla general, son alquiladas para las actuaciones de grupos más conocidos, por tanto es lógico que a falta de un promotor interesado sea la agencia de management quien decida asumir el riesgo. Sin embargo, debido al gran número de grupos emergentes interesados en tocar en directo para promocionarse, en ocasiones son los propios artistas quienes ejercen esta función alquilando recintos de menor aforo.

▶ *Pay after show*: En algunas salas de pequeño aforo podemos encontrar otra variante de este modelo en la que el público paga una propina al artista, sobre todo en circuitos anglosajones.

Cuando es el artista o su agencia quienes actúan como promotores del concierto, la remuneración está determinada por la afluencia de público y el precio de la entrada. Por tanto, siempre se ha de tener en cuenta si el concierto va a ser rentable a nivel económico y/o promocional. Antes de correr el riesgo, un artista debe calibrar si ese riesgo le merece la pena, según el momento en el que se encuentre su carrera. En todo caso, siempre es mucho más recomendable ejercer de promotor cuando contamos con el respaldo de una agencia de management que cofinancie nuestro proyecto.

Modelo mixto

El modelo mixto es un término medio entre los dos anteriores. Se trata de una estructura muy común en los circuitos de música independiente y en las grandes ciudades. En estos casos la responsabilidad financiera del concierto está compartida entre la sala y el artista. Los detalles del acuerdo pueden variar en función de la sala, las características del circuito, la localización geográfica y la capacidad de convocatoria del artista.

En este tipo de coproducciones las salas de conciertos suelen ceder su espacio a cambio de un porcentaje de la venta de entradas. También es común que los artistas tengan derecho a un porcentaje de la venta de las consumiciones.

En quién recae la comunicación del evento

Las campañas de promoción son indispensables para dar a conocer al público que un concierto o gira se va a celebrar. Como hemos visto en anteriores capítulos, el proceso de comunicación es una tarea en la que entran muchos factores en juego. En el caso concreto de los eventos de música en vivo, es fundamental identificar claramente el público objetivo al que nos dirigimos, teniendo siempre en cuenta las fechas y el lugar geográfico de los conciertos.

¿Pero quién es el responsable último de esta promoción? ¿Quién la financia? ¿Quién debe coordinarla? ¿Es una labor que corresponde íntegramente a los promotores o es el artista quien debe movilizar a su público?

En un terreno idóneo la promoción debe efectuarse de forma conjunta y coordinada entre el artista y los responsables financieros de la actuación. Indudablemente es el promotor quien tiene la mayor responsabilidad, al correr con todos los riesgos económicos. Sin embargo, en la práctica esta responsabilidad compartida varía según las circunstancias específicas de cada evento. La comunicación del concierto recae especialmente en el artista en los siguientes casos:

▶ Cuando es el artista quien ejerce de promotor.

▶ Cuando la responsabilidad financiera está compartida con un promotor externo.

▶ Cuando el artista lleva un tiempo sin actuar en la zona geográfica donde se va a celebrar el concierto.

▶ Cuando el artista lleva un tiempo sin actuar en una sala concreta.

▶ En conciertos especiales como presentaciones de discos.

Clasificación de circuitos de música en vivo

Independientemente de quién ejerza de promotor, existen una serie de variables que definen las características propias en cada circuito de música en vivo. Todas estas variables nos sirven para identificar tanto a posibles promotores potenciales como al público objetivo que puede asistir a nuestros conciertos.

Clasificación por estilos musicales

El estilo musical define en buena medida las diferentes cualidades de un circuito de música en vivo. A grandes rasgos nos podemos encontrar con varios circuitos genéricos:

▶ **Pop rock:** Los géneros pueden ser muy variados (rock, pop, fusión, punk, canción melódica, indie, etc). El circuito de pop rock engloba desde los grandes eventos hasta la práctica totalidad del circuito nacional de salas de conciertos, donde el modelo de promoción es muy diverso. También tiene una gran cabida en eventos privados, hoteles, ferias y circuito de versiones.

▶ **Músicas negras:** Con esta categoría se engloban los circuitos de jazz, blues y soul. Es muy común que las salas de conciertos especializadas en este estilo musical ejerzan de promotores musicales con una programación selecta, especialmente en el circuito de jazz profesional. Muchos hoteles y restaurantes entrarían dentro de este circuito.

▶ **Flamenco:** El circuito flamenco más genuino tiene especial incidencia en la figura de los tablaos. Además, es un género muy frecuente en eventos privados, ferias y ciertos circuitos de versiones. En la gran mayoría de las ocasiones, en el circuito flamenco la promoción es externa y los músicos cobran por un caché pactado.

▶ **Música clásica:** El circuito clásico es uno de los más especiales que existen en el sector. Los certámenes son una de las principales vías de acceso para intérpretes y ejecutantes noveles. Los teatros y los centros culturales son los recintos más habituales en el ámbito clásico. La música clásica está muy profesionalizada, por lo que las actuaciones cuentan por regla general con promoción externa. La informalidad es mucho menos frecuente que en otros ámbitos, aunque también se acusa un exceso de rigidez aprendida en los conservatorios, donde se indica qué caminos ha de tomar un músico clásico para desarrollar su carrera: orquestas, docencia musical y, en casos especiales, músicos concertistas. No obstante, esta autolimitación aprendida es totalmente ilusoria y, aunque el circuito clásico posee características propias, los músicos clásicos absorben cada vez más actitudes de la música popular (un aprecio a las nuevas formas de promoción, una mayor apertura a tocar en diferentes recintos, mayor predisposición a la fusión, etc).

▶ **Música electrónica orientada al baile:** En los últimos años la contratación de solistas para acompañar las sesiones de música electrónica se está consolidando como una rama interesante de remuneración de vocalistas, violinistas, percusionistas y saxofonistas. En estos casos los músicos son contratados mediante promoción externa por la sala o los responsables del evento.

▶ **Acústicos:** Los conciertos acústicos son un caso especial con enorme relevancia en aquellas salas de pequeño aforo que no pueden programar bandas eléctricas por cuestiones de logística o licencias.

Clasificación por autoría del repertorio

▶ **Circuito de versiones:** Las versiones son sin duda una de las principales opciones de supervivencia del músico de a pie. Se trata de un circuito inmensamente amplio y variado. Tiene especial incidencia en núcleos urbanos donde el turismo extranjero es muy elevado. Es el dominante en eventos privados, hoteles, restaurantes y orquestas de feria. Aunque su lugar natural son las salas de pequeño aforo, excepcionalmente podemos encontrar proyectos de versiones en grandes eventos. Las versiones también están presentes en aquellos estilos musicales donde la revisión e interpretación de piezas ya existentes es la norma (como el caso del jazz, el flamenco, la música clásica o las jam sessions). En cuanto a la remuneración de los artistas, el modelo más habitual es la promoción externa con caché.

▶ **Circuito de temas originales:** Los temas originales están especialmente presentes en el circuito nacional de salas y en festivales de música. Las propuestas musicales con este tipo de repertorio son proyectos de larga proyección, donde el beneficio a corto plazo nunca debe ser la norma.

Otras variables a tener en cuenta

▶ **Fidelidad del público asistente:** Por regla general el público asistente es seguidor del grupo o solista que va a celebrar el concierto. Pero hay algunos matices. Algunas audiencias son fieles a un festival en concreto, a la programación de una sala con una línea muy definida en su programación, o simplemente son asistentes a un evento privado. Todas estas variables son muy influyentes a la hora de negociar una contratación.

‣ **Tamaño, aforo y condiciones técnicas del recinto:** Existe una amplia variedad de espacios en los que se puede celebrar un concierto, desde el pub de copas de un pueblo hasta un macrofestival al aire libre, pasando por salas de conciertos, salones de actos, teatros, auditorios, etc. Cuando calculamos un presupuesto es muy importante tener en cuenta el equipamiento técnico además del aforo del recinto.

‣ **Localización geográfica:** La zona donde esté ubicada la sala es determinante para fijar las condiciones de contratación de un evento. Cada localidad, región o país tiene su propia idiosincrasia en cuanto a particularidades estilísticas, preferencias del público y modalidad de contratación. En las grandes ciudades, donde la saturación de espacios escénicos y propuestas musicales es más elevada, los modelos de promoción mixtos y el alquiler de salas son mucho más comunes que en pueblos y ciudades pequeñas donde la oferta es menor. En los pequeños núcleos urbanos el público es más fiel a locales de ocio concretos y los músicos tienen más posibilidades de cobrar sus actuaciones a caché. Por otro lado, la localización geográfica determinará en gran medida el idioma del repertorio musical. En zonas con una amplia población de residentes y/o turistas anglosajones, será frecuente un circuito de propuestas musicales con temas en inglés.

Búsqueda y contratación de actuaciones

De entre todas las actividades extramusicales con las que un músico tiene que lidiar a lo largo de su carrera, sin duda la contratación de conciertos es una de las que más tiempo ocupa. A grandes rasgos no hay muchas diferencias entre conseguir llamar la atención de promotores, salas o agencias de management y el hecho de buscar cualquier empleo.

Porque realmente en esto consiste el *booking*, en buscar trabajo. La mayor diferencia está sin duda en que en el mercado laboral de la música en directo existen muchísimos más aspirantes para muchísimas menos ofertas, lo que complica un poco más las cosas.

¿Qué marca la diferencia a la hora de contratar conciertos?

Ser seleccionados para formar parte de la programación de una promotora, sala de conciertos o evento privado es una labor que requiere tiempo, trabajo, esfuerzo y experiencia. Influyen algunos factores determinantes como el perfil de nuestra propuesta musical, la calidad de nuestro producto, la fidelidad de nuestro público, el balance económico de nuestra actuación y las diferentes herramientas que utilicemos para promocionar nuestra carrera dentro del negocio. Por supuesto los contactos personales juegan también un papel decisivo. En la música en vivo, como en cualquier otro sector, la mayoría de los puestos de trabajo se cubren por recomendación personal .

El perfil de nuestra propuesta musical

El primer criterio de selección que tiene en cuenta un programador es estilístico. Si formas parte de una banda de heavy metal de nada servirá intentar formar parte del cartel de un festival de guitarra clásica. Igualmente, será imposible tocar en la sala de jazz más elegante del centro de la ciudad si lo tuyo es una orquesta de música ligera para tocar en bodas, bautizos y comuniones.

Los promotores tienen muy presente el perfil de tu propuesta musical. Ha de coincidir siempre con sus criterios de programación. También es importante que el producto le guste al programador, que sienta que merece la pena arriesgar. Antes de dar el visto buen definitivo, tarde o temprano los programadores realizarán una investigación del artista aspirante para saber qué trabajos ha realizado, qué material tiene editado, qué conciertos ha realizado y si estos fueron exitosos.

La calidad de nuestro directo

El producto que defendemos a la hora de conseguir una fecha no es otro que el concierto en sí. Por tanto, la calidad de nuestro show es un factor determinante. Una actuación musical es un espectáculo que realizamos para satisfacer a un público. Un concierto exitoso es aquel que se hace corto, que deja al respetable con ganas de más, con ganas de repetir.

En este sentido, la calidad de la música es fundamental pero lo es también presentar una función con buena estructura, un espectáculo que entretenga y conmueva a la audiencia. Si conseguimos una conexión especial durante nuestro concierto impulsaremos extraordinariamente el boca oreja.

La fidelidad de nuestro público

Otro factor decisivo a la hora de que un promotor apueste por nuestra propuesta musical es la fidelidad de nuestro público. No hay duda: aquellos proyectos que cuentan con una base de seguidores sólida tienen muchísimas más posibilidades de actuar que aquellos artistas desconocidos. Pero esta no es una cuestión tan solo de cantidad sino de calidad. Cuando realizamos un concierto hemos de procurar que los asistentes salgan encantados, con un buen recuerdo y con la sensación de haber formado parte de algo especial. Si conseguimos esto, ellos serán los mayores aliados para promocionar nuestra propuesta musical a otras personas. Para fomentar el famoso boca oreja. Este efecto multiplicador es lento, pero es uno de los más efectivos.

En el otro extremo de la balanza se sitúan aquellas propuestas musicales que cuentan con un respaldo publicitario óptimo y, sin embargo, no consiguen ninguna conexión con el público. La promoción en medios de comunicación y redes sociales requiere de tiempo, dinero y esfuerzo. En ocasiones podemos encontrarnos con artistas que invierten una gran cantidad de presupuesto en promoción con la esperanza de que la intermediación de unos medios de comunicación (saturados de ofertas musicales) sea decisiva para llenar salas. Esto no suele funcionar. Los atajos son peligrosos. No tiene sentido realizar de golpe una fuerte inversión en publicidad sin que esto vaya acompañado de una actividad real de eventos en vivo.

En realidad se trata de un proceso constante pero tardío. Los conciertos deben ser el principal apoyo promocional de un grupo para lograr consolidar una base de seguidores fiel poco a poco. Finalmente será esta propia base de seguidores creciente la que podrá impulsar a los promotores a tomar en consideración una propuesta musical.

El balance económico de nuestra oferta

A pesar de que hay muchos promotores y salas de conciertos que apuestan artísticamente por una programación arriesgada en busca de nuevos horizontes, en la gran mayoría de los casos son los números los que mandan. No debemos olvidar que la música en vivo es un negocio y que el objetivo es hacer caja. El puesto de trabajo de muchas personas depende de que esos conciertos que se programan salgan bien.

Por tanto es muy frecuente que los promotores antepongan la rentabilidad económica a la subjetiva calidad artística de un proyecto. Esto no significa necesariamente una bajada de cachés, pues siempre es más efectivo una apuesta por la calidad que competir a la baja. Una vez más, los promotores utilizarán como baremo la cantidad de público que un artista puede atraer hacia el evento. Cuantas más personas estén dispuestas a pagar una entrada, mucho mejor para todos. Por tanto, si contamos con la suerte de tener un público fiel tendremos más posibilidades de conseguir más fechas y negociar mejores condiciones remunerativas.

Los contactos profesionales

La oferta de propuestas musicales existentes en el mercado susceptibles de ser programadas en directo por un promotor es extraordinariamente inmensa. Incluso si una propuesta musical cumple todos los requisitos para pasar con éxito todos los filtros de selección que venimos mencionando (estilo, fidelidad del público, calidad de los conciertos, buen balance económico) es muy posible que compita en igualdad de condiciones con cientos de propuestas diferentes.

Los responsables de la programación tienen muchas ofertas encima de la mesa y por desgracia no disponen de apenas tiempo para escucharlas todas. Por tanto, para sortear la saturación musical del mercado, entran en juego muchos otros factores. El principal de ellos es la comunicación.

El flujo de comunicación viene de dos direcciones distintas:

▶ Las recomendaciones personales que el promotor recibe de terceras personas.

▶ La labor de relaciones públicas que realicemos para conseguir llegar hasta el promotor.

A la hora de programar a un artista nuevo, los promotores se fían mucho del criterio de otros compañeros de la industria de la música: mánagers, editores, sellos, periodistas, técnicos y, sobre todo, de la opinión de otros promotores que hayan trabajado con el grupo o solista. Si un programador recomienda un artista a otro programador, es mucho más probable que la propuesta despierte cierto interés. Si se queda en un email que hemos enviado a cuenta de correo, poco podremos hacer. Nuestra labor como relaciones públicas es procurar que el promotor tenga todas las herramientas necesarias para conocer nuestra propuesta musical.

Herramientas para darse a conocer profesionalmente

El músico profesional ha de estar mentalizado para afrontar diversas labores extramusicales que pueden llegar a saturar a una persona acostumbrada a vivir por y para la música. Al igual que ocurre con la promoción musical, algunas personas tienen serios problemas en equilibrar la faceta artística de su carrera con las funciones rutinarias del management y la promoción. Es comprensible. Las llamadas de teléfono, el diseño de dossieres, el envío de emails, la redacción de informes técnicos, o la elaboración de presupuestos no son tan satisfactorios para un músico como la composición, el estudio, la interpretación y el ensayo de obras musicales.

No obstante, siempre es curioso encontrarnos con músicos mentalizados con una disposición abierta a afrontar estas funciones cuando es necesario. Por ello, si no tenemos presupuesto para delegar estas funciones o no se cuenta con el respaldo de un equipo de management, siempre es recomendable encontrar a las personas con más motivación dentro del proyecto para desempeñar este tipo de tareas, procurando cumplir un reparto justo, equitativo y lógico entre los diferentes miembros.

Como hemos mencionado, el trabajo de relaciones públicas tiene un fuerte componente de trabajo de oficina donde se ha procurar ponerse en contacto con las personas adecuadas y facilitarles toda la información de la forma más óptima posible. Nuestro objetivo es dar a conocer a los promotores y sus intermediarios la existencia de nuestra propuesta musical. Para ello utilizaremos algunos contenidos básicos que haremos llegar por los canales de comunicación básicos. Este es un trabajo donde las relaciones públicas juegan un papel fundamental. Por tanto, las relaciones humanas son determinantes.

Búsqueda de los promotores más adecuados

Se ha de hacer una investigación exhaustiva de los posibles programadores de eventos y salas a los que les puede interesar contar con una propuesta musical como la nuestra en su programación. Una vez identificados estos posibles promotores y/o programadores de sala, nuestro objetivo será conseguir ponernos en contacto con ellos para transmitirles el material para su posible valoración.

¿Dónde puedo encontrar los datos de contacto?

La búsqueda y actualización constante de estos datos de contactos requieren esfuerzo y paciencia. Es fundamental lograr dar con la persona adecuada. El proceso es idéntico a la gestión de base de datos de la que hemos hablado en el capítulo 4.

Hemos de investigar en páginas webs, redes sociales, guías y medios de comunicación. Una técnica útil es la de examinar qué conciertos están realizando otras propuestas musicales de nuestro entorno. Qué festivales, eventos y salas programan estilos como el de nuestro proyecto.

No hay soluciones mágicas para conseguir el contacto de la persona adecuada, y mucho menos para lograr llamar su atención. La búsqueda de datos de contacto es un trabajo donde la constancia y el don de gentes son imprescindibles. Los contactos profesionales de este tipo suelen ser bastante herméticos y además están saturados de propuestas como la nuestra. En muchas ocasiones nos encontraremos con muchas puertas cerradas. A menudo no lograremos más que algún que otra dirección de correo genérica que nadie realmente lee. No hay que desesperar. El secreto está en insistir por otros canales de contacto para dar con la persona adecuada.

¿Qué vías utilizar para hacer llegar el material?

Una vez logremos la información suficiente será el momento de llamar a la puerta. Para hacer llegar nuestra propuesta a promotoras y programadores de sala tenemos varias formas de comunicación:

▶ Contacto a través de redes sociales.

▶ Contacto vía email.

▶ Contacto telefónico.

▶ Contacto personal.

El contacto personal es el más eficiente de todos. El nivel de compromiso y atención entre dos personas durante una conversación cara a cara siempre será mucho más cálido y profundo que el producido en un email, o llamada de teléfono. Una reunión física da para mucho y es más probable que de pie a entablar una negociación positiva. No obstante, también puede llevar a situaciones peliagudas. Las relaciones públicas son una cuestión de contacto humano, y debemos tener cuidado con la informalidad. Otras veces, por motivos geográficos, nos será imposible desplazarnos hacia algunas oficinas o salas para presentar una propuesta in situ.

El contacto a través de las redes sociales se está popularizando mucho en los últimos tiempos. A pesar de ello, el correo electrónico es lo más indicado para una primera presentación de nuestro proyecto, pues tiene un perfil mucho más formal y profesional. Bien es cierto que en el negocio de la música la formalidad brilla a veces por su ausencia. En algunos sectores creativos se tiende a utilizar las redes sociales como un epicentro de negocios y promoción, donde el límite de lo privado y lo profesional es bastante difuso. Por tanto, en ocasiones no quedará más remedio que intentar contactar a través de alguna red social. Estas acciones siempre se han de realizar con tacto y delicadeza. Si bien plataformas como Linkedin y Twitter son utilizadas abiertamente para realizar contactos profesionales, otras redes como Facebook tienen un perfil más íntimo y a algunas personas no les resulta cómodo ser contactadas por dichos canales.

Presentación de nuestra propuesta

Si no tenemos la suerte de conocer personalmente al promotor o programador, será preciso intentar establecer un primer contacto mediante otras vías. La primera impresión es fundamental. Por esta razón nuestro primer acercamiento debe ser una pequeña carta de presentación, breve y concisa, con algún enlace donde se pueda escuchar, visualizar y valorar nuestra propuesta. Es importante no olvidarnos nunca de proporcionar un teléfono y una dirección de email. La redacción debe ser cordial pero elegante. Nunca cometas faltas de ortografía.

A la hora de elegir qué material queremos mostrar para presentar la propuesta, es recomendable ser cautos y no saturar demasiado con un montón de enlaces a vídeos y canciones. En la concisión está la clave. Siempre será útil contar con un dossier digital donde tengamos desplegada una muestra de contenidos clave cuidadosamente seleccionados. Lo ideal es que este dossier digital pueda localizarse en una página web (a modo de landpage). También es necesario que tengamos digitalizado nuestro material audiovisual para poder hacerlo llegar al promotor mediante link de descarga o mail (siempre y cuando este nos lo solicite).

Dossier y hoja promocional

El dossier que utilizamos en la contratación de conciertos es muy similar al dossier de prensa. La principal diferencia es que debe estar elaborado según los códigos del promotor, sin tener tanto en cuenta los códigos periodísticos.

Un dossier es un documento de venta donde presentamos nuestro proyecto: quiénes somos, qué música hacemos, cuál es nuestra trayectoria. Este documento puede estar diseñado para su visualización *online* o presentarse en un formato de impresión. En todo caso debe contar con enlaces a nuestra música, datos de contacto, redes sociales y página web. Es imprescindible que su diseño sea visual y atractivo.

Si optamos por elaborar un dossier resumido y sintetizado, hablaríamos de una hoja promocional. Su diseño está muy condicionado por el soporte. Si utilizamos un formato de impresión (un pdf por ejemplo), deberemos utilizar diseños adecuados con el tamaño del propio folio. La versión *online* debe ser más interactiva, incluyendo material audiovisual y enlaces de descarga.

Música grabada

Antes de mostrar una grabación musical con motivos promocionales, debemos asegurarnos de que cumple los requisitos mínimos de calidad. Tres canciones son más que suficientes para mostrar las características de nuestro proyecto. Aunque la música grabada en estudio no siempre es un fiel reflejo del directo de una propuesta, las grabaciones recientes editadas profesionalmente son una buena excusa para tocar en directo. La novedad también es siempre un buen reclamo, así que contar con lanzamientos recientes nos será de gran utilidad.

Vídeo promocional en directo

En ocasiones la música grabada no nos sirve para mostrar las cualidades del directo de un artista. Por ello algunos promotores prefieren asegurarse de la calidad de la propuesta musical con un vídeo donde se pueda ver al grupo o solista en acción. Al igual que ocurre con la música grabada en estudio, es necesario asegurarse de que este vídeo cumple unos requisitos mínimos de calidad. Enviar material deficiente es contraproducente y sólo servirá para que desechen nuestra propuesta.

Imagen fija

Los logotipos, fotografías y diseños que utilicemos deben reflejar de forma fidedigna las características estilísticas de nuestro proyecto. La imagen fija nos ha de servir para comunicar quiénes somos y qué se puede esperar de nuestra música. Esta comunicación no sólo es efectiva a niveles promocionales con el público, también con los posibles promotores. Por tanto, en el entorno del management es recomendable adjuntar un par de fotografías en alta calidad junto a nuestro logotipo. Este material podrá ser utilizado de forma promocional una vez hayamos conseguido una fecha.

Videoclip

El videoclip es un método clásico de promoción de la música grabada que sigue vigente en nuestros días. Su uso está más bien orientado a dar a conocer una propuesta musical al público general, pero en ocasiones puntuales también puede ser un buen reclamo para que posibles promotores musicales se fijen en nuestro proyecto. Aunque no refleje la esencia de un concierto, un buen videoclip es sinónimo de que detrás de la propuesta hay personas que están apostando duro por la promoción de su música.

Negociación de cachés en eventos de promoción externa

La forma de remuneración del artista va a estar determinada por el modelo de producción del evento. Siempre tendremos que diferenciar si el modelo de producción es promoción externa, mixta o propia. Cuando la responsabilidad económica recae totalmente en el artista, deberemos valorar si nos merece la pena asumir ese riesgo, pues nuestros beneficios dependerán totalmente de las ventas de entradas. Cuando esta responsabilidad es compartida con una sala o promotor, las condiciones porcentuales dependen de muchas variables: el circuito donde se realice el concierto, nuestro bagaje como artistas, de la zona geográfica donde está situado el recinto y, sobre todo, del modus operandi habitual de la sala. Somos nosotros quienes deberemos negociar las condiciones más favorables para ambas partes.

Cuando es un empresario quien asume la totalidad del riesgo económico la situación es bien distinta. En estos casos nuestra remuneración dependerá de un caché fijo que se nos pagará por el hecho de ofrecer nuestra actuación en directo. Se trata de una remuneración que se nos abona por realizar un servicio específico. Nuestro objetivo es negociar un precio de forma satisfactoria.

¿Qué factores influyen a la hora de negociar un caché? En primer lugar las características propias del circuito donde se va a realizar la actuación. En el negocio de la música en vivo impera la ley de la oferta y la demanda. Por tanto habremos de hacer una investigación exhaustiva de cómo funcionan las actuaciones en el entorno específico donde vamos a actuar.

> **Qué estilo de música es (jazz, flamenco, pop rock, versiones, etc).** Como hemos visto, las condiciones de programación pueden variar según el estilo musical específico del circuito musical al que aspiramos.

> **Cuánto cobran otros artistas del circuito:** En aquellos circuitos donde una gran cantidad de propuestas musicales compiten por tocar en las mismas salas, los cachés tienden a bajar bastante. En estos casos es recomendable apostar por la calidad de nuestro espectáculo, pues muchas veces será preferible realizar menos actuaciones sin desvirtuar el valor económico de nuestra propuesta.

> Qué tipo de recinto es (pubs, salas de conciertos, restaurantes, hoteles, grandes recintos, etc).

> Qué aforo tiene (pequeño, mediano o gran aforo).

> Qué tipo de evento es (eventos privados, programación regular de una sala, ferias, concierto puntual, concierto benéfico, etc).

> **Qué periodicidad tiene:** Si se trata de un festival, ¿cuántas veces se ha organizado? Si se trata de una sala de conciertos, ¿cuántos conciertos se realizan a la semana, al mes o al año?

▶ **Qué regularidad tendrá nuestra actuación:** Si nos van a contratar para un evento único, o si vamos a volver a tocar con regularidad para el mismo promotor.

▶ **En qué zona geográfica se encuentra:** Las zonas geográficas
determinan en buena medida los cachés. En localidades donde
la oferta de salas de conciertos es muy reducida habrá más margen para negociar que en otros lugares donde el número de locales con música en vivo es mayor. Por otro lado, las características de la oferta de ocio de cada zona son muy influyentes. No
es lo mismo negociar un caché con un pub de Puerto Banús,
una sala de Madrid, o con el bar de un pueblo.

▶ **Qué precio tienen las entradas (precio simbólico, precio estándar, conciertos gratuitos, etc).**

▶ **En quién recae la promoción del evento:** Si la responsabilidad
promocional es compartida, si se trata de una sala que promociona sus eventos de forma óptima, o si por el contrario tiende
a situar toda esta responsabilidad sobre los artistas.

▶ **Equipo técnico para la actuación:** Si el local dispone de equipo técnico propio, hemos de alquilarlo o llevar el nuestro.

Todos estos datos son fundamentales a la hora de valorar un caché.
Gracias a esta investigación podemos hacernos una idea de cuánto dinero podemos pedir al promotor. Los cachés dependen de muchos factores externos. Por tanto siempre será necesaria cierta flexibilidad por
nuestra parte a la hora de poner un precio a nuestras actuaciones. Hay
muy pocos artistas que realmente tengan un caché fijo. Lo habitual es
adaptarse a las características de la sala y el evento particular en la medida de lo posible, sin desvirtuar el valor de nuestro trabajo.

El precio de nuestras actuaciones no solo dependerá de las cualidades del circuito, sala o evento particular. Hay otros elementos que también determinan el caché y que dependen de las características propias
de la propuesta musical:

▶ **Cuál es nuestro bagaje como artistas:** Dependiendo del momento en el que se encuentra nuestra carrera, podremos permi-
tirnos negociar un caché de menor o mayor cuantía. La calidad

de nuestro trabajo y de nuestras actuaciones serán además determinantes. Si además contamos con un público fiel, las posibilidades de aspirar a un sueldo más elevado se amplían. En nuestros comienzos será más habitual tener que hacer algunos esfuerzos para abrir mercado. Pero, ojo, nunca debemos devaluar nuestro trabajo.

▶ **Dónde tenemos nuestra base de operaciones:** Siempre hemos de tener en cuenta que hay ciertos gastos a considerar para ofrecer una cifra equilibrada. El factor geográfico es determinante para calcular un presupuesto. Si el lugar donde residimos y ensayamos se encuentra a cientos de kilómetros del lugar donde vamos a efectuar el concierto, tendremos que tener en cuenta los gastos de gasolina, dietas, hospedaje, alquiler de furgoneta, etc.

▶ **Cuántas personas forman parte de nuestro proyecto:** El número de músicos y equipo técnico que conforman nuestra propuesta musical es otro factor determinante para calcular nuestro presupuesto. Un mayor número de personas supone más gastos a los que hacer frente. Es mucho más costoso mover a una banda de ocho músicos con sus necesidades que mover a un trío acústico. En el caso de artistas solistas con banda de apoyo, habrá que tener en cuenta el sueldo de los músicos profesionales (que normalmente siempre trabajarán con un caché invariable que nosotros hemos de pagar).

Tocar gratis a cambio de promoción

Cuando damos los primeros pasos en el mundo de la música estamos impacientes por mostrar nuestro arte al mundo, especialmente si se trata de un proyecto con canciones originales. Muchas veces nos sentimos tentados por tocar a cualquier precio, lo que contradice de lleno el concepto de la música como oficio. ¿Cuándo podemos dar nuestro brazo a torcer y ofrecer actuaciones gratuitas a cambio de promoción?

Este es un tema complejo donde no hay reglas fijas. Partiendo de la base de que todo trabajo debe tener su remuneración, son muchos los casos en los que participamos en festivales, eventos y locales a cambio de una supuesta promoción que beneficiará a largo plazo nuestra carrera. En estas situaciones debemos valorar si esta promoción es efectiva y real, o si nos están tomando el pelo y estamos tirando piedras sobre nuestro propio tejado.

En primer lugar, debemos tener claras las diferencias que hemos mencionado en cuanto a las características de producción. ¿La responsabilidad financiera está compartida con un promotor? ¿Los promotores somos nosotros? ¿Se trata de una actuación para una televisión? En estos casos es lógico que tengamos que tocar sin la presencia de un caché fijo.

Si se trata de actuar gratis en un concierto organizado por un promotor externo las cosas cambian. En este último caso, el promotor hará caja a costa de nuestro trabajo, ya sea mediante la venta de entradas o de consumiciones. Normalmente nunca es recomendable aceptar este tipo de ofertas. Si aun así, queremos sacrificar nuestro sueldo por un poco de promoción, es imprescindible responder a las siguientes cuestiones:

> ¿El local o evento cuenta con público propio?

> ¿Nuestra actuación está programada en un horario razonable donde sabemos que este público va a asistir?

> ¿Vamos a tener buenas condiciones técnicas?

> ¿Vamos a recibir un trato profesional y respetuoso?

> ¿Nos van a pagar dietas, gastos de trasporte y alojamiento?

Si la respuesta a alguna de estas preguntas es negativa, lo más recomendable es negarnos a tocar de forma gratuita. Normalmente estas son ofertas envenenadas donde impera la falta de profesionalidad. A menudo provienen de salas que no están acondicionadas para la realización de conciertos y no cuentan con una programación regular. Si aceptamos, los gerentes del local obtendrán beneficios a través de las consumiciones de un público al que habremos movilizado nosotros.

Mención especial merecen aquellos eventos y festivales organizados por promotoras que necesitan rellenar su programación y quieren hacerlo de la forma menos costosa posible. En un principio nos puede parecer tentador, pues en este tipo de eventos tenemos la oportunidad de mostrar nuestro repertorio ante un público que desconoce la existencia de nuestra propuesta musical. Sin embargo, tocar gratis siempre siembra un precedente peligroso que puede marcar nuestra carrera en el futuro. Una vez que aceptamos una oferta de este tipo, será difícil deshacernos del estigma y lograr que nos tomen en serio en próximas ocasiones. Además este precedente también es perjudicial para el gremio musical en general. Las actuaciones gratuitas y la rebaja excesiva en los cachés pueden hacer que el trabajo del resto de compañeros también se vea devaluado.

Tocar gratis para coger tablas

En nuestros comienzos a menudo aceptamos ofrecer actuaciones gratuitas con el único objetivo de adquirir experiencia sobre el escenario. Esta es una de las principales justificaciones de los promotores que no pagan a los músicos y de los músicos principiantes que lo aceptan. Sin embargo nunca debemos menospreciar nuestro trabajo, aun en los inicios de nuestra carrera. El grupo novel que ha estado ensayando durante horas un repertorio también merece una remuneración. La falta de experiencia en directo nunca debe ser una justificación para recibir un trato poco profesional. Si nuestro objetivo es coger tablas existen otras vías más dignas:

- **Sesiones de micrófono abierto:** En estos casos el repertorio suele ser original, por lo que es un primer paso bastante efectivo para compartir nuestras composiciones con el público. Las salas que programan sesiones de micrófono abierto (*open mics*) ofrecen su espacio para rellenar su programación y, de paso, dar salida a artistas emergentes. Es importante comprobar que la entrada siempre sea gratuita.

- **Jam sessions:** Las jam sessions son una de las mejores escuelas que podemos tener para adquirir experiencia en directo. Cuando varios músicos de distinto nivel se reúnen encima de un escenario, el aprendizaje es mutuo. Los músicos menos experimentados tienen oportunidad de tocar junto a otros de más nivel, mientras que los otros aprender a sacar lo mejor de sus compañeros de escenario. Además, las jam sessions no sólo son una vía aceptable para deshacerse del miedo escénico, sino también son muy útiles para conocer y relacionarse con otros músicos.

Concursos

Tradicionalmente los concursos han sido una de las formas más recurrentes para promocionar una carrera musical. Sin embargo, si optamos por esta vía de proyección, debemos comprobar si se cumplen unos requisitos mínimos de calidad.

A menudo muchos festivales utilizan los concursos como un medio de promoción para fomentar le repercusión del evento. Debemos evitar involucrarnos con aquellos eventos donde se juega con la participación de nuestros seguidores a través de las redes sociales como principal elemento de selección. Normalmente este tipo de concursos es contraproducente para el bien de nuestra carrera.

Un concurso debe contar con el baremo de un jurado cualificado que evalúe nuestra propuesta con criterios independientes, con unos premios que apoyen de realmente la proyección de nuestra carrera, con un seguimiento mediático óptimo y, a ser posible, con actuaciones remuneradas.

6

LA DOCENCIA MUSICAL

La docencia musical es una de las principales salidas profesionales dentro del negocio de la música. En algunos casos puede suponer el grueso de los ingresos económicos de un músico. La razón es que la demanda de clases de música es extraordinariamente inmensa entre todo tipo de público. Siempre hay personas de todas las edades con ganas de aprender un instrumento musical y dispuestas a potenciar su expresividad a través de este arte milenario. También son muy numerosos los músicos que desean mejorar sus habilidades y profundizar sus conocimientos. Al fin y al cabo el aprendizaje musical es una carrera de fondo que nunca se da por finalizada.

Por todas estas razones ser músico docente puede ser una gran oportunidad, pero también supone una gran responsabilidad. Un profesor de música ha de ejercer de guía en el camino del aprendizaje y enseñar a sus alumnos a disfrutar al máximo del proceso. Lograr esto no es tarea fácil. Para desempeñar esta tarea correctamente se debe poseer una sólida inteligencia emocional y tener las habilidades psicológicas desarrolladas al máximo.

Dónde puede un músico impartir clases

El profesor de música tiene varias posibilidades a su alcance para desarrollar su oficio. El enfoque con el que debe planificar su trabajo dependerá de su formación, sus aspiraciones, su vocación y su filosofía particular a la hora de concebir la música como arte. No es lo mismo un músico que utiliza la docencia como una vía de ingresos paralela al resto de sus actividades profesionales, que aquellos que desean convertirse en docentes a tiempo completo. En función de cada caso, podemos identificar varios ámbitos donde un músico puede impartir clases:

▶ **Conservatorios de música:** Se trata de la opción ortodoxa. Los conservatorios de música están enfocados al aprendizaje de músicas clásicas sobre todo, aunque en algunos también se presta atención a las músicas contemporáneas y al jazz como grandes corrientes de expresión musical. El acceso a los conservatorios de música, que en España son de titularidad pública, requiere la posesión de una titulación específica que pueda demostrar que los músicos han completado sus estudios. Los aspirantes han de aprobar unas oposiciones para formar parte del funcionariado.

▶ **Escuelas privadas de música:** En las escuelas privadas de música se pueden impartir clases de todos los géneros, estilos y niveles posibles. Todo depende de la filosofía de enseñanza y del enfoque de la propia escuela. Existen centros privados de gran prestigio donde se presta una importante relevancia a las músicas populares. En cambio, otras homologan sus temarios a los estudios oficiales de conservatorios. Entre ambos extremos existen centenares de diferentes posibilidades. El baremo de contratación del profesorado varía un función de la dirección de la escuela. El nivel de formación musical es un requisito imprescindible. Algunas escuelas exigen que sus docentes posean una titulación que los respalde, mientras que otras ponen énfasis en las habilidades musicales y docentes particulares de su profesorado.

▶ **Escuelas municipales:** Las escuelas municipales son instituciones destinadas a acercar la música a los ciudadanos y, en algunos municipios, son muy populares. El nivel impartido en estas escuelas puede ser muy variado, desde clases de iniciación hasta niveles algo más avanzados, aunque por regla general no suelen profundizar hasta los estudios medios y superiores. El baremo de contratación también depende de cada caso.

▶ **Clases particulares:** Esta suele ser una de las principales opciones, tanto para músicos sin la titulación necesaria para acceder a la docencia de enseñanzas oficiales, como para aquellos que empiezan sus carrera como docentes.

Qué necesita un músico para ser un buen profesor

El trabajo del docente es enseñar a sus alumnos a escuchar música, a hacer música y a desarrollar su talento. Esta no es una misión al alcance de todo el mundo. Son muchísimas las ocasiones en las que grandísimos músicos demuestran ser horribles profesores. Porque un músico puede alcanzar un gran nivel de excelencia en su carrera artística y, no obstante, no tener las cualidades suficientes para transmitir conocimientos, ilusión y motivación a sus alumnos.

A continuación repasamos algunas de las cualidades imprescindibles que todo músico docente debe tener.

Conocimientos y habilidades musicales

Comenzamos con lo más obvio. Está claro que para enseñar música una persona debe manejar con destreza y soltura los conocimientos que imparte. El profesor debe estar lo más formado posible. Ha de manejar con soltura los conceptos del lenguaje musical en su sentido más amplio, conocer en profundidad su instrumento y en definitiva saber de lo que habla. Es preferible en todo caso que el nivel de formación de un profesor sea notablemente superior al nivel musical que está impartiendo. Aunque esto no tiene por qué significar que para enseñar clases de iniciación musical sea necesario ser un músico virtuoso o haber terminado los estudios superiores en el conservatorio.

La formación musical es primordial. En un principio podríamos afirmar que los músicos autodidactas no son siempre los más indicados para impartir clases, ya que pueden trasladar al alumno sus propias carencias y malas posturas aprendidas en la ejecución de su instrumento. Pero todos los músicos son maestros en potencia en cierta medida, en el sentido de que todos ellos pueden poseer virtudes susceptibles de compartir con otros. De hecho, el maestro puede acabar aprendiendo mucho de su discípulo. Una relación sana de enseñanza musical entre alumno y docente se basa en el *feedback* mutuo.

Pasión, motivación y vocación

Para impartir clases de música es necesario que te guste la música, esto es lógico. Pero esta motivación no se puede limitar a esto solamente. Como decíamos al principio, ser un buen músico no garantiza poder ser un gran profesor. La enseñanza de cualquier materia requiere muchísimas más habilidades que nada tienen que ver con la disciplina que se está impartiendo. Si queremos llegar a buen puerto con nuestros alumnos, es del todo imprescindible que nos resulte especialmente apasionante enseñar a otras personas. Esa es la base de todo. Cuando a un profesor de música le encanta su trabajo, será mucho más capaz de transmitir sus conocimientos a la persona que tiene enfrente. Si además ese profesor tiene una fuerte vocación pedagógica, los resultados positivos se multiplicarán.

Habilidades psicológicas

La misión del profesor es incentivar a sus alumnos a disfrutar del camino del aprendizaje, a adentrarse en territorios musicales desconocidos, a generar autoconfianza. Para esto necesitamos paciencia y empatía. Algunos estudiantes encuentran más problemas que otros a la hora de captar algunos conceptos, o de emplear algunas técnicas. Esto no significa que estas personas no sean válidas, ni que carezcan de capacidades musicales. El trabajo y la constancia son importantes virtudes que un alumno debe cultivar. La misión del profesor es incentivarlas. Y para poder transmitir estas habilidades son necesarias grandes dosis de paciencia.

La relación entre el alumno y el profesor debe estar cimentada en la confianza. Si no existe química entre el profesor y el alumno, las clases serán perjudiciales para ambos. La inteligencia emocional del profesor en estos casos es primordial, sobre todo en una materia tan delicada y emocional como es la música, donde las inseguridades y los egos están a la orden del día. Un profesor nunca ha de reprochar los defectos de un alumno con malas formas. Funciona mejor el refuerzo positivo, la búsqueda de las cualidades y, por supuesto, el tacto. Debemos tener especial cuidado con esto. Por mucho que el profesor tenga un mal día siempre ha de ir a clase con una actitud abierta. Son muchas las carreras musicales incipientes tiradas al retrete por culpa de profesores altivos que han despreciado la valía de sus alumnos (especialmente cuando estos son niños y, en consecuencia, mucho más sensibles a las opiniones de los adultos).

Una buena gestión de las emociones es clave para el desarrollo de un oficio tan delicado como el de músico. Los mejores profesores de música tienen la cualidad de adaptarse a la persona que a la que están impartiendo clase. Cuando esto se consigue, el nivel de conocimientos pasa a un segundo plano. Es más importante la conexión psicología, que el profesor perciba que el alumno se está enterando de la lección y que, además, está disfrutando. Porque de eso se trata, de disfrutar con la música.

Capacidad de comunicación

¿Qué ocurriría si un profesor tuviese habilidades musicales y psicológicas excepcionales pero fuera incapaz de explicarse? Claramente sus alumnos correrían el riesgo de no enterarse muy bien de qué está hablando. Por desgracia, muchos estudiantes experimentan esto continuamente.

El músico docente ha de consolidar en el alumno los mapas mentales necesarios para que pueda desarrollar sus habilidades prácticas y teóricas. Saber explicar las diferentes técnicas y conceptos de forma natural requiere una buenas habilidades comunicativas. Cuando un músico es profesor no es suficiente con saberse la lección. La docencia consiste en que el profesor transmita y afiance sus conocimientos en la persona que tiene enfrente.

En ocasiones esto es más delicado de lo que parece. Independientemente de la afinidad personal entre alumno y profesor, ciertas personas pueden ser incompatibles a nivel cognitivo. Esto no tiene nada que ver con el nivel cultural ni el nivel de inteligencia. Está relacionado con la manera de procesar la información de cada individuo. Algunos poseen una inteligencia mental más creativa, otros más lógica. Algunos captan mejor la música en su sentido expresivo, otros tienen una percepción mucho más matemática. Y ningún esquema mental es mejor que otro. En este sentido, la enseñanza de la música y las matemáticas es parecida. Si un profesor de matemáticas imparte clases ante un grupo de alumnos con el mismo nivel, algunos de ellos captarán los conceptos más rápidamente que otros. Esto no significa necesariamente que unos sean más brillantes que otros, sino que el profesor y ellos utilizan esquemas cognitivos más compatibles entre ellos.

Capacidad para motivar al alumno

La motivación es uno de los elementos fundamentales que ha de transmitir un maestro a su aprendiz, pues será el eje vertebrador de su posterior desarrollo. Un alumno desmotivado es un alumno destinado a la frustración y al abandono.

Para transmitir esta motivación es imprescindible que el profesor también esté motivado en su labor docente. Un profesor de música que no ama su trabajo es nocivo para ambas partes. Es mejor no ser músicos docentes si mientras impartimos clases estamos continuamente pensando en que preferiríamos estar tocando ante una gran audiencia, grabando con grandes artistas y disfrutando del aplauso del público.

Cómo sacar lo mejor del alumno

Siempre se ha dicho que la música es un lenguaje universal inherente al ser humano. Está demostrado que las emociones que transmite son percibidas del mismo modo independientemente de la cultura en la que se haya nacido. Todos los humanos somos capaces de reconocer las emociones expresadas por una pieza musical aunque nunca la hayamos escuchado antes. La escala menor transmite tristeza incluso cuando la escucha una persona procedente de una cultura totalmente opuesta a la occidental. Los estudios apuntan que la música es, como mínimo, tan antiguo como el lenguaje hablado.

Esto significa que todos podemos desarrollar nuestras habilidades musicales con práctica y esfuerzo. Es cierto que algunas personas parecen tener mayores habilidades innatas para su aprendizaje, y que muchas otras han tenido la suerte de crecer en entornos familiares donde la música ocupa un lugar importante. Pero estas facilidades que muestran algunas personas (niños con muy buen oído y sentido rítmico por ejemplo) tan solo proporcionan un poco de ventaja inicial a la hora de aprender música. Esta disciplina es especialmente exigente. Constantemente adquirimos habilidades que luego pueden ser fácilmente relegadas si no se entrenan. Desde Mozart hasta Paco de Lucía, los grandes genios de la humanidad son personas que se han dejado la piel estudiando, practicando y trabajando.

El músico docente es un maestro que ha de enseñar al alumno a poner los cimientos necesarios para que sea él quien construya el edificio. Su misión es consolidar en el alumno la inquietud por avanzar, por desarrollar sus propias cualidades, por encontrar su propia personalidad. El profesor es tan solo un guía, el camino ha de recorrerlo siempre el alumno. Las clases son simplemente una herramienta de apoyo.

Adaptarse a los intereses del alumno

Los motivos por los que una persona decide recibir clases de música pueden ser muy distintos. Las necesidades del alumno dependen según sus propios intereses. A lo largo de nuestra carrera como profesores podemos encontrarnos con personas que conciben la música como una simple afición y con músicos vocacionales ávidos por adquirir nuevas herramientas para desarrollar su talento. El músico docente ha de saber adaptarse a todas las distintas motivaciones posibles.

¿Qué distintos tipos de perfiles podemos encontrarnos?

Entre el alumno que concibe la música como un hobbie y el músico vocacional podemos encontrar una infinidad de perfiles. Cada persona que acude a un profesor para recibir clases de música tiene sus propios gustos, su propia personalidad. A continuación destacamos algunos de los posibles perfiles:

- Niños que dan sus primeros pasos en la iniciación musical.

- Adultos que quieren aprender a tocar algún instrumento para tocar sus canciones favoritas.

- Adultos apasionados de la música que quieren iniciarse en algún instrumento.

- Músicos aficionados que quieren mejorar su ejecución musical.

- Personas que quieren convertirse en músicos profesionales.

- Músicos profesionales que quieren profundizar en sus conocimientos y mejorar sus habilidades.

- Músicos interesados en la composición.

- Músicos interesados en mejorar como intérpretes.

- Músicos interesados en tocar en orquestas.

- Músicos interesados en mejorar su capacidad de improvisación.

Como vemos, las razones por las que una persona decide comenzar a recibir clases pueden ser extremadamente dispares. Hay tanta variedad de perfiles que es normal que muchos profesores tiendan a especializarse no sólo en un instrumento musical, sino en un segmento de edad o estilo determinado.

Por esta razón resulta fundamental entrevistarse con el alumno antes de comenzar con las clases para saber cuáles son sus deseos, sus objetivos, qué nivel de formación tiene, cuántos años lleva tocando su instrumento, cuáles son sus gustos musicales particulares y qué otros instrumentos musicales le interesan. Cuanto más sepamos de nuestro alumno, mucho mejor. Esta primera conexión nos servirá también para hacernos una idea de su personalidad y nos evitará futuros disgustos. Es importante que el profesor y el estudiante remen en la misma dirección.

Clases para niños

Comenzar con la formación musical a una edad muy temprana tiene indudables ventajas. Está totalmente demostrado que cuando somos más jóvenes tenemos más facilidad para absorber ciertos conocimientos, desarrollar ciertas habilidades y establecer unas buenas bases. Los niños aprenden mejor y más rápido. Si realmente se sienten atraídos por la música, crecen en un entorno apropiado y tienen el apoyo correcto por parte de sus padres y sus profesores, algunos alumnos pueden llegar a ser músicos profesionales relativamente pronto.

Sin embargo, recibir clases a estas edades no siempre es garantía de éxito. Son muy habituales los casos de alumnos que comienzan muy pronto con la música y que luego, cuando llegan a la adolescencia, abandonan sus clases. Si el músico docente se dedica a la enseñanza porque no le queda más remedio, si se siente frustrado porque no ha conseguido alcanzar los objetivos profesionales con los que soñaba, entonces es mucho más recomendable (por su bien y por el de sus alumnos) que se dedique a otro oficio.

Un profesor insatisfecho con su labor docente puede convertirse en una peligrosa máquina de desmotivación para los alumnos. Los niños son muy sensibles a las opiniones de los demás, más si son profesores adultos a quienes le otorga un grado de autoridad. Si un profesor tiene un mal día y transmite una idea negativa, esa idea puede llegar a marcar a su alumno de por vida hasta el punto de hacerle abandonar las clases. Son muchos los talentos musicales que se han perdido por culpa de estas actitudes. De ahí la importancia de que el profesor encare las clases con una mentalidad positiva y transmita pasión en cada hora que pasa frente al alumno.

Clases para adultos principiantes

Si los niños tienen ventajas a la hora de asimilar conceptos y habilidades musicales es de suponer que aquellos que inician su formación a una edad adulta encuentran más problemas. Esto es cierto, pero no tiene por qué ser determinante. Muchos de los grandes nombres de la historia de la música comenzaron tarde con sus estudios. Aunque a los adultos les puede costar más la asimilación de ciertos patrones matemáticos, la música es un lenguaje. Cuando una persona siente la necesidad de comunicarse emocionalmente a través de la música, pone todo su empeño en ello.

A pesar de que cuando somos jóvenes somos más moldeables, recibir clases de música a una edad adulta también tiene sus ventajas. La instrucción musical es una cuestión de esfuerzo, constancia, disciplina y pasión. Cuando somos adultos tenemos estos valores más asentados. También somos más conscientes de las metas a las que queremos llegar y afrontamos las lecciones con mayor madurez.

Clases para autodidactas

Uno de los perfiles más habituales entre las personas que deciden recibir clases es el de los músicos que llevan tocando toda la vida, pero a través de un sistema de aprendizaje autodidacta, a menudo anárquico, con importantes lagunas teóricas, carencias y posturas incorrectas aprendidas. Estos alumnos, en cambio, tienen la virtud de contar con la ventaja de la experiencia, además de una musicalidad normalmente muy desarrollada. ¿Cómo puede un profesor afrontar estos casos correctamente? ¿Qué es lo que ha de hacer?

El primer paso es hacer que el propio alumno se dé cuenta de todas sus lagunas. Si el músico autodidacta acude a unas clases es porque es consciente algunas de sus limitaciones. Pero en algunas ocasiones ignora otras carencias que están presentes y son igualmente importantes. El trabajo del profesor es hacérselas ver, aunque nunca desde la imposición y siempre en función de los objetivos del alumno. Porque no todos los músicos requieren de las mismas lecciones ni persiguen las mismas metas.

Es habitual que debamos corregir lagunas técnicas, malas posturas y manías aprendidas que son perjudiciales para el desarrollo del músico (y muy a menudo motivo de lesiones). Estos hábitos se pueden revertir a base de la constancia. En muchas ocasiones las malas posturas han quedado registradas en los hábitos del músico a base de una repetición mecánica constante. El trabajo del profesor consiste en enseñar las posturas correctas, pero también en evaluar si merece la pena revertir el proceso, pues en ocasiones muchos músicos conviven con posturas a priori poco académicas pero efectivas para sus objetivos musicales.

Motivar al alumno

Quizá uno de los principales obstáculos de muchos profesores es la ineficacia a la hora de transmitir motivación a sus alumnos. Esto es mucho más fácil cuando la pasión musical viene dada desde la infancia, incentivada por unos ambientes familiares donde se aprecia y admira la disciplina musical en cualquiera de sus variados géneros. En otras ocasiones, el alumno llega a las clases a edades más avanzadas y normalmente ya ha sentido el gusanillo. Sea como sea, el aprendizaje musical es un reto que puede resultar especialmente exigente en algunos momentos. Es en esos instantes donde el alumno agradecerá el respaldo de un docente que le oriente, que le impulse a no olvidar los motivos por los que aprendemos a tocar un instrumento, que le haga ver dónde están sus cualidades.

Enseñar a disfrutar con la música

El maestro tiene la delicada misión de ayudar a su aprendiz a encarar la música de forma positiva. Disfrutar ha de ser siempre la principal motivación del alumno, incluso a la hora de encarar aprendizajes más metódicos. El ambiente lúdico no se ha de perder nunca. Al fin y al cabo la música es un arte para ser sentido, compartido y disfrutado.

El deleite no se encuentra únicamente en el acto en sí de interpretar una obra o de componer una pieza. También podemos encontrar satisfacción en el aprendizaje de nuevos conceptos y en la práctica de ejercicios técnicos. Es bueno mostrar una actitud abierta a la hora de aprender un nuevo acorde, una nueva posición, o nuevas escalas que aplicar a nuestra musicalidad.

Enfoque adaptativo

Además del placer que un alumno puede encontrar por el mero hecho de aprender, componer e interpretar música, existen muchos otros elementos que pueden servir de motivación. Esto dependerá de los valores de cada persona, que pueden ser muy variados. Por ejemplo, el afán de superación, querer diferenciarse sobre los demás, querer dedicarse profesionalmente a la música, e incluso la búsqueda del aplauso del público, pueden ser motivaciones válidas si se enfocan desde un punto de vista positivo.

Sean cuales sean los estímulos del alumno, el profesor ha de ser adaptativo. Ha de moldear sus propios intereses a la personalidad del estudiante al que quiere enseñar. De nada nos servirán las clases meticulosamente planificadas si la personalidad del alumno es incompatible con la rigidez de ciertos métodos de aprendizaje. Cada persona tiene sus propias necesidades y su manera particular de adquirir conocimiento. Algunos alumnos, aun sin ser plenamente conscientes de ello, son incapaces de afrontar clases metódicas y toleran mejor la enseñanza desde un punto de vista flexible. El profesor ha de saber utilizar el propio lenguaje del alumno y aprovechar sus cualidades innatas, sean cuales sean (una buena memoria musical, un oído bien entrenado, una actitud determinada frente al estudio, etc).

La disciplina en el alumno

La disciplina es otro elemento clave en el aprendizaje musical. Por lógica, los músicos que invierten más tiempo y esfuerzo consiguen mejores resultados. Sin embargo, es bastante discutible que un profesor pueda lograr que un alumno indisciplinado cambie de actitud. Objetivamente, para avanzar con paso firme en la música, es necesario un mínimo de constancia.

Pero estas cualidades dependen del interés genuino de una persona. Frecuentemente las personas más disciplinadas son las más apasionadas. Cuando este interés no existe, poco puede hacer un maestro.

Cómo planificar la enseñanza de música

Como hemos visto, para que la enseñanza de música sea efectiva la metodología pedagógica ha de adecuarse a las características del alumno en sí. Se trata de saber qué quiere al alumno, de adaptarte un poco a su psicología y a su personalidad, de ser conscientes de sus virtudes musicales pero también de sus carencias. Una vez establecidas estas bases de sintonía y comunicación, algunos estudiantes agradecen un sistema flexible y abierto, mientras que otros con métodos más estructurados. El músico docente ha de ir calibrando en cada clase qué elementos son más útiles para que el alumno se sienta motivado. Algunas personas son menos estudiosas, pero son capaces de lograr altos niveles de motivación cuando su profesor le plantea nuevos retos, nuevas herramientas que aplicar a su forma de tocar.

¿Qué nivel de dificultad y progresión han de tener las clases?

El nivel de conocimientos, habilidades técnicas y de desarrollo musical del alumno influirán de forma determinante sobre el tipo de enseñanza y los conceptos y ejercicios que se quieran impartir. Algunos conceptos y cualidades musicales requieren años de aprendizaje, de práctica y de estudio. Es importante que la velocidad de desarrollo sea progresiva y continua. Aunque el alumno debe asumir cada clase como un reto, si utilizamos un material demasiado avanzado para su nivel corremos el riesgo de que tire fácilmente la toalla. Si en cambio utilizamos un material demasiado bajo que no le suponga un reto, acabará aburriéndose.

▷ Cada clase debe ser un reto, pero un reto asumible por el estudiante. Esto dependerá mucho de sus habilidades innatas, de su personalidad, de su talante y de su disciplina.

▷ Se han de utilizar obras, conceptos y ejercicios adaptados al nivel del alumno. Ni mucho más bajo, ni mucho más alto. Se trata de ir paso a paso.

▷ Es importante incrementar el nivel de dificultad una vez que el alumno asimile, interiorice y aplique las diferentes lecciones en su musicalidad natural.

7

OTRAS FUENTES DE INGRESOS MUSICALES

A lo largo de su carrera un músico ha de diversificar sus actividades para lograr una compensación económica estable. Ya hemos tratado en anteriores capítulos los negocios relativos a la contratación de conciertos y la docencia musical. A continuación repasamos otras posibles vías de ingresos en el negocio musical, como la interpretación, composición y gestión de derechos propiedad intelectual, la venta de música grabada en soporte físico, la comercialización de merchandising y los acuerdos de patrocinio con marcas comerciales.

Interpretación, composición y derechos

Autor y artista, dos figuras diferenciadas

Todos aquellos que quieran orientar su carrera a la composición o a la interpretación, deben saber diferenciar claramente entre autor y artista. Son dos figuras bien diferenciadas a efectos legales en el negocio musical, lo que tiene consecuencias directas a nivel operativo. Autor y artista tienen distintas salidas profesionales y de cada una de ellas se desprenden distintos derechos asociados.

Autor

Un autor es aquella persona que crea una obra musical: compositores, letristas, adaptadores y arreglistas. Es muy común que una canción o pieza musical sea compuesta por varias personas. En estos casos hablaríamos de una coautoría entre varios autores.

⋎ **¿Por qué es importante tenerlo claro?** Si quieres dedicarte a la composición es muy importante que sepas que como autor posees la integridad de todos los derechos editoriales (o patrimoniales) de tus obras. Esto significa que tienes derecho a recibir una remuneración económica por toda explotación comercial que se haga de tu música. Los derechos de explotación se pueden ceder (que no vender) a terceros hasta un porcentaje máximo variable según la legislación de cada país. En Europa ese porcentaje es de un 50%.

Artista

Cuando pensamos en el término artista inmediatamente nos acordamos de algunos ilustres nombres como Mozart, Beethoven o Manuel de Falla. Pero en la jerga del negocio del espectáculo la figura del artista equivale a un intérprete, no a un creador-compositor. En el sector musical un artista es aquella persona que interpreta, canta, o ejecuta una obra musical. Esto significa que, aunque te duela, Frank Sinatra o David Bisbal tienen algo en común, a los ojos de la industria son artistas. Desde los años sesenta en el entorno de la música popular lo más frecuente es que el autor y el artista coincidan en la misma persona o grupo de personas. The Beatles, Bob Dylan, Amy Winehouse, Jimi Hendrix, Bruno Mars, Joaquín Sabina o Enrique Bunbury, por poner tan sólo algunos ejemplos, son conocidos por componer e interpretar sus propios temas.

⋎ **¿Por qué es importante tenerlo claro?** Si quieres dedicarte a la interpretación tienes que tener en cuenta que, al igual que ocurre con los autores, los artistas también tienen derechos reconocidos por ley. Todo artista que interpreta una obra tiene derecho a una contraprestación económica por la explotación comercial de dicha interpretación. Además, esta diferenciación entre ambas figuras es indispensable para la elaboración de los distintos contratos.

Interpretación musical

El músico que interpreta una obra también tiene ingresos derivados de su actividad profesional. La principal actividad por la que un intérprete obtiene beneficios económicos es la música en directo, que supone una media el 80% de los ingresos de la carrera musical de un artista. Pero además de los conciertos y audiciones existen otras actividades que pueden generar beneficios para los artistas.

▶ Royalties por la comercialización de música grabada, tanto en soporte físico como digital. Los royalties corren a cuenta de los propietarios del master de grabación (los productores musicales discográficos). Normalmente se trata de un porcentaje sobre las ventas pactado mediante un contrato.

▶ Beneficios de comunicación pública de las obras.

▶ Derechos de imagen.

Negocio discográfico

La producción discográfica ha recaído tradicionalmente en las compañías de discos. Pero estas empresas han cambiado radicalmente tanto en tamaño como en funcionalidad. Actualmente podemos encontrarnos con distintos tipos de producción musical discográfica:

▶ **Multinacionales:** Tras la caída del modelo de negocio predigital las grandes discográficas se vieron obligadas a fusionarse entre ellas (o a la desaparición). En la actualidad tan solo existen tres grandes compañías multinacionales que acaparan el 80% del mercado: Sony Music Entertainment, Warner Music Group y Universal Music Group.

▶ **Compañías independientes:** Se trata de compañías independientes con gran peso dentro del sector. A pesar de no ser empresas multinacionales, acaparan una parte considerable del mercado musical, disfrutan de mayor reputación que otros sellos más pequeños, tienen mayor poder de atención mediática y un buen ritmo de publicación de discos. A menudo sus artistas tienen contrato con editoriales potentes para la divulgación de su obra.

▷ **Sellos pequeños:** Son compañías de menor tamaño, con menor capacidad de actuación y menor volumen de publicación. Los beneficios económicos son normalmente limitados. A menudo son gestionadas por empresarios vocacionales cuyo principal objetivo es la difusión musical.

▷ **Autoproducción:** Se trata de un modelo muy vigente en la actualidad en el sector independiente. Ocurre cuando son los propios artistas quienes asumen el riesgo económico de financiar su propia carrera.

La industria musical tradicional en su conjunto se asentaba sobre el sector discográfico. Este modelo de negocio estaba basado en la venta de discos como principal fuente de ingresos. Pero esto ha cambiado completamente. La caída del soporte físico, la revolución digital y las profundas transformaciones en los hábitos de consumo, han propiciado que buena parte de los sellos discográficos tiendan a un modelo de 360 grados, es decir, a acaparar distintas áreas de la industria musical.

El simple hecho de llamar discográficas a estas empresas es en cierto modo algo obsoleto. Actualmente las compañías discográficas son principalmente gestoras de derechos asociados a la música, y tienden a meter la cabeza en otros terrenos como la promoción de conciertos y el management. Cuando una compañía discográfica negocia con un artista, los aspectos a tratar no se limitan a la producción y a la venta de música grabada, sino que se negocia el reparto de todos los derechos que va a generar la explotación de su carrera musical.

¿Qué vías de ingresos utiliza el negocio discográfico actual?

▷ Acuerdos de sincronización y derechos por comunicación pública al ser propietarios de las grabaciones.

▷ Beneficios por venta digital y reproducciones en *streaming*.

▷ Porcentaje de venta de entradas.

▷ Porcentaje de derechos de imagen del artista.

▶ Patrocinios.

▶ *Merchandising.*

▶ Venta de música grabada en soporte físico.

▶ Derechos editoriales, en el caso en que la empresa se dedique también a la edición musical y el artista sea a su vez uno de sus autores.

▶ A&R en la industria discográfica

El departamento de Artista y Repertorio (A&R) es la principal conexión entre el artista y el sello discográfico. Los responsables de estos departamentos tienen la doble función de desarrollar la carrera de un artista y buscar nuevos talentos. Aunque esta última tarea es quizá la labor más reconocible de los A&R, tan solo se le dedica un 10% del tiempo. La mayor parte de los esfuerzos se centran a apoyar a artistas que ya pertenecen al sello discográfico: lanzamientos, producción, imagen artística, orientación, etc.

Sin embargo, los fichajes de nuevos artistas se siguen produciendo en la industria discográfica, aunque cada vez son más residuales. Las características del mercado musical actual son bien distintas a hace algunos años, cuando la incorporación de nuevos artistas se concebía como una inversión a largo plazo. Hoy en día las compañías musicales encuentran mayores dificultades para monetizar una carrera y prefieren apostar por artistas masivos (a menudo de corto recorrido).

Por su parte, los filtros discográficos de nuevos fichajes están colapsados. Al igual que ocurre con las agencias de management, las editoriales, los periodistas musicales y con el público general, nunca hay tiempo de escuchar todo el material que llegan hasta los departamentos de A&R de las discográficas.

¿Y cuál es el filtro para los nuevos artistas? ¿Qué han de tener los grupos y solistas para que una discográfica se interese por ellos?

▶ **Subjetividad:** El principal factor de selección es totalmente humano y subjetivo. El A&R discográfico es una figura de mucho peso en su empresa. Por eso cuando decide apostar por un artista nuevo, basa su decisión final en sus propios gustos personales, en su intuición, en un posible flechazo musical.

▶ **Seguidores:** El nivel de seguimiento de un artista es otro de los principales elementos de diferenciación. Además debe ser un seguimiento real, con grandes componentes de fidelidad y compromiso. De nada sirven las propuestas musicales con miles de seguidores inactivos en las redes sociales. Un vínculo emocional fuerte entre el artista y su público garantiza disponer de una base de fans consolidada con la que empezar a trabajar.

▶ **Recomendaciones de terceros:** Cuando al artista llega recomendado por un productor, un mánager, un periodista, un promotor, un programador de sala o por cualquier persona en cuyo criterio el A&R confíe, tiene más posibilidades de ser tenido en cuenta. De hecho, en la mayoría de las ocasiones las propuestas musicales se ignoran si no vienen recomendadas.

El músico de directo y el músico de sesión

Además de los proyectos de producción propia, la figura del músico como profesional externo es una de las salidas profesionales más recurrentes en el sector de la música, tanto en la industria del directo como en los estudios de grabación.

▶ **Músico de directo:** El músico de directo es contratado para acompañar al artista en aquellos casos en los que un solista necesita una banda de apoyo, o cuando es necesario completar puntualmente algún puesto en bandas ya formadas.

▶ **Músico de sesión:** Los músicos de sesión son músicos especializados en grabaciones en estudio. En muchas producciones sus servicios son solicitados para interpretar secciones concretas de una obra musical. Cuando estamos trabajando en la producción de un solista su labor es imprescindible para grabar las partes que el artista principal no puede o no quiere interpretar. Un músico de sesión ha de tener una buena formación, conocer los temas que va a grabar e interpretar de forma eficaz sus tomas en un tiempo razonable.

Ser seleccionado para formar parte de un proyecto como músico remunerado, ya sea de forma permanente o puntual, dependerá de nuestro trabajo previo, de nuestra valía y de nuestras dotes para las relaciones públicas.

> **Experiencia y calidad como intérpretes:** El nivel técnico y estilístico es determinante para ser seleccionado. A menudo los repertorios han de ser preparados con gran rapidez. Debemos estar acostumbrados a la asimilación de los distintos temas que interpretaremos. Además, será fundamental que nuestro perfil encaje con el estilo de música del proyecto.

> **Relaciones públicas:** El músico de sesión debe ser su mejor representante y saber vender su potencial como intérprete. Aunque las herramientas promocionales son necesarias, para entrar en un proyecto musical el principal factor en juego son nuestros contactos personales con otros músicos y profesionales del sector.

Composición musical

La composición de obras musicales puede ser una importante fuente para aquellos músicos que se quieran especializarse en este campo. Un compositor puede abarcar todos los estilos sin excepción, aunque bien es cierto que en algunos géneros se suele requerir con más frecuencia servicios de composición externa.

En sentido estricto los compositores son autores. Por tanto pueden ser:

> Compositores principales de una obra musical.

> Coautores en el caso en que la pieza musical haya sido creada por varias personas. En estos casos se le asigna un porcentaje a cada uno de los autores.

> Coautores en caso de que se trate de música creada específicamente para una obra audiovisual (el compositor comparte autoría junto al director-realizador, y el guionista de la obra).

▶ Arreglistas.

▶ Letristas, en el caso de los creadores de la letra de una obra musical.

Hay diversas posibilidades para un autor a la hora de dar salida a alguna de sus obras:

▶ Repertorios para otros artistas.

▶ Repertorio propio, en el caso en que los autores sean a su vez intérpretes de su propia obra.

▶ Bandas sonoras para series de televisión.

▶ Bandas sonoras para producciones cinematográficas.

▶ Bandas sonoras para anuncios publicitarios.

▶ Bandas sonoras para videojuegos.

▶ Sintonías de radio y televisión.

▶ Piezas musicales en aplicaciones informáticas.

▶ Sintonías para telefonía móvil.

▶ Todo tipo de objetos con música integrada.

▶ Hilos musicales (en comercios, hoteles, empresas de transporte, etc).

Los beneficios económicos obtenidos gracias a la composición de obras musicales pueden llegar a través de diversas vías:

▶ Contrato de sincronización.

▶ Contratos de cesión, en el caso en el que los compositores cedan sus obras para que sean interpretadas por un artista.

▶ Beneficios obtenidos por la composición de una obra original exclusiva para una producción audiovisual.

▶ Beneficios derivados por la comunicación pública de las obras.

El arreglista

Los arreglos de una canción son tan importantes como la propia canción. Aunque tradicionalmente esta labor ha estado desempeñada por personal especializado, en la actualidad la figura del arreglista suele coincidir con el productor musical artístico, los artistas o los propios autores.

▶ **¿Cuáles son los ingresos de un arreglista?**

Al ser también considerado autor de la obra, al arreglista le corresponde un porcentaje de los derechos de propiedad intelectual derivados por la explotación comercial de la obra musical. Estas ganancias se suman a las obtenidas por la realización de su trabajo.

Editoriales musicales

Los autores tienen derecho a percibir una compensación económica por la explotación comercial de sus obras. Estos derechos de explotación, también llamados derechos editoriales o patrimoniales, son íntegramente propiedad del autor pero pueden ser cedidos a terceros. Esta cesión nunca puede superar un porcentaje establecido por ley. En el caso de España la cesión de derechos de explotación no puede superar el 50%.

Las editoriales musicales actúan de intermediarios entre los autores y sus posibles clientes a cambio de la cesión temporal de los derechos editoriales. Trabajan tanto con autores que son al mismo tiempo artistas, como con autores puros dedicados a la composición musical de forma integral. Estas organizaciones se encargan de desarrollar la carrera del autor y lograr la máxima difusión posible de las obras.

▸ **Desarrollo:** Las editoriales musicales ayudan a los autores a cultivar su capacidad para componer canciones idóneas para ser interpretadas en diferentes repertorios y producciones discográficas. Es frecuente que las editoriales que cuentan con mayor cantera y presupuesto, dediquen esfuerzos en la formación de sus autores.

▶ **Difusión:** Una editorial musical busca salida a las composiciones en repertorios en directo, grabaciones, sintonías, publicidad, producciones audiovisuales y todo tipo de proyecto donde la obra pueda generar beneficios. Normalmente cuentan con una sólida base de contactos en la industria musical y audiovisual: productores musicales artísticos, discográficas, agencias de publicidad, marcas, etc.

Además de las editoriales pequeñas, que son muy comunes en el sector musical, cada una de las tres grandes compañías multinacionales tienen sus propias editoriales: Sony ATV, Warner Chappel y Universal Music Publishing. Aun así estas filiales conservan cierta independencia, hasta el punto de que es frecuente que algunos músicos publiquen sus discos con una discográfica y pertenezcan a una editorial musical diferente. Este es el caso de Joaquín Sabina, cuya carrera artística es desarrollada por Sony Music, mientras que su obra autoral es gestionada por Warner Chappel.

El sector discográfico y el editorial están obligados a entenderse, pues ambos negocios están interconectados. Cuando se explota la faceta autoral de un músico su faceta artística se ve beneficiada y viceversa.

▶ La figura del A&R editorial

La figura del A&R también está presente en la edición musical. Al igual que ocurre en el negocio discográfico, los responsables de estos departamentos dedican sus esfuerzos en el desarrollo de la carrera del autor y a la búsqueda de nuevos talentos. Las editoriales musicales suelen dedicar más esfuerzos a ampliar sus catálogos, por lo que no tienen tantos impedimentos a la hora de contratar a nuevos compositores. No obstante, la saturación de la oferta también hace mella en los filtros de selección.

Sincronización

La sincronización de una obra musical se produce cuando se llega a un acuerdo para que sea utilizada en anuncios publicitarios, series televisivas, largometrajes, cortometrajes, aplicaciones, videojuegos, telefonía móvil y, en definitiva, todo tipo de productos donde pueda sonar. Este acuerdo de sincronización se produce entre los propietarios del master, los propietarios de los derechos editoriales y la marca comercial o productora (y al margen de las entidades de gestión). Se trata de un acuerdo a tres bandas en busca de un beneficio mutuo. Un ejemplo clásico de sincronización son los anuncios publicitarios. En este caso, para que una canción suene en un anuncio debe producirse un acuerdo entre los siguientes agentes:

- **Responsables creativos de la marca comercial:** La agencia de publicidad responsable de realizar el anuncio con el visto bueno de los representantes de la marca comercial.

- **Propietarios fonográficos:** Las personas que financiaron la grabación, normalmente un sello discográfico.

- **Propietarios de los derechos editoriales:** Los autores de la obra, normalmente representados por una editorial musical.

La sincronización de música grabada supone para la marca comercial un elemento de conexión con el público objetivo al que quiere vender su producto. En el caso de los propietarios de los derechos editoriales y del master de grabación, los acuerdos de sincronización acarrean distintos beneficios:

- Beneficios económicos del contrato de sincronización, es decir la cifra que se obtiene tras la cesión de una obra musical a una marca comercial, agencia de publicidad o productora audiovisual. Cuando se trata de una sincronización en un anuncio publicitario, se suele contemplar un incremento de la tarifa dependiendo de la duración y el alcance del anuncio.

▶ Beneficios promocionales, por la capacidad que se alcanza para dar a conocer una obra musical a un público potencialmente amplio.

▶ Beneficios por comunicación pública. Aunque según la legislación española, los autores de una obra audiovisual (director, guionista y compositor de la música original) no reciben remuneración por comunicación pública cuando estas son de carácter publicitario, en la práctica, las editoriales musicales sí terminan aplicando este cobro.

Los intereses de los propietarios fonográficos y de los autores suelen ser bastante parejos. Tanto las discográficas como las editoriales musicales cuentan con personas o departamentos de sincronización encargadas de dar salida a las obras musicales a través de estos acuerdos. Aunque los acuerdos de sincronización se producen al margen de las entidades de gestión, estas sí están involucradas en la recaudación de los ingresos derivados por la comunicación pública de las obras.

También puede darse el caso de que los responsables creativos de las marcas comerciales, la agencias y los productoras audiovisuales sean los principales interesados en utilizar una obra musical concreta. Esto ocurre normalmente con piezas musicales de cierta fama con las que saben que van a lograr conectar con sus clientes potenciales. En estas situaciones puede ser frecuente que se llegue a un acuerdo con los propietarios y/o gestores de los derechos de autor pero no con los productores fonográficos. En estos casos las marcas comerciales consiguen reducir costes utilizando obras musicales famosas interpretadas por intérpretes anónimos.

Cabe destacar que las obras musicales originales compuestas expresamente para una obra audiovisual (por ejemplo, la banda sonora original de una película) no se consideran sincronizaciones a efectos legales. En estos casos el compositor es coautor de la obra colectiva junto al director-realizador y el guionista, y cede los derechos de reproducción, distribución y comunicación pública al productor de la misma a no ser que se establezca lo contrario por contrato.

Comunicación pública

Buena parte de los ingresos de la industria musical se producen a través de los ingresos derivados en concepto de comunicación pública. Esto ocurre cuando una obra musical se reproduce ante un grupo amplio de personas. Los siguientes casos son los más frecuentes:

▶ Cuando se emite en la televisión.

▶ Cuando se emite por la radio.

▶ Cuando se interpreta en un concierto.

▶ Cuando se reproduce en una exhibición pública, por ejemplo en una sala de cine.

▶ Cuando se reproduce en un local, por ejemplo en una discoteca

▶ Cuando se reproduce en Internet.

▶ Cuando se emite a través de un hilo musical.

La comunicación pública hace que se generen por ley una serie de beneficios relacionados con la propiedad intelectual.

¿Quién recauda estos ingresos económicos?

Las entidades de gestión colectiva son los únicos que pueden recaudar por ley los ingresos derivados de la comunicación pública de una obra sujetada a derechos de propiedad intelectual. La razón oficial es que se sobreentiende que estas organizaciones son las únicas que cuentan con la infraestructura necesaria para realizar las labores de supervisión y recaudación necesarias.

En España las entidades de gestión relacionadas con la industria de la música son:

▶ SGAE en representación de los autores y las editoriales musicales. Cabe destacar que esta entidad no se limita al ámbito musical, también representa a autores puramente audiovisuales (directores, realizadores y guionistas) entrando en competencia directa con DAMA, y a las artes escénicas (autores dramáticos, coreógrafos y mimos).

▸ AIE en representación de los artistas, intérpretes o ejecutantes.

▸ AGEDI en representación de los productores fonográficos.

▸ EGEDA en representación de los productores audiovisuales.

Las entidades de gestión actúan de intermediarias. La ley obliga a estas organizaciones a repartir las ganancias entre sus socios de forma proporcional. Por ejemplo, si una obra musical se emite en un programa de televisión, la SGAE debe abonar la cantidad correspondiente a los autores y editores dueños de los derechos patrimoniales. Aunque es justo decir que a menudo se les acusa de ser poco transparentes y que los baremos internos de estas organizaciones no están exentos de polémica.

Aquellos autores y artistas que no sean socios de ninguna de estas entidades también tienen derecho a percibir compensación económica por la comunicación pública de sus obras (siempre y cuando puedan demostrar que esta comunicación pública se ha producido). Los impedimentos para que esto ocurra suelen ser mayúsculos. En estos casos los autores y artistas pueden reclamar a la entidad de gestión autorizada sus ingresos dentro de margen de tiempo determinado por ley, aunque es normal encontrar serios obstáculos.

¿Quién paga los ingresos derivados por comunicación pública?

La labor de las entidades de gestión es recaudar los ingresos como representantes de autores, artistas, productores fonográficos o productores audiovisuales. El coste de los ingresos de comunicación pública recae en la plataforma emisora, que efectúa el pago mediante las tarifas impuestas por las diferentes entidades involucradas.

En el caso de las producciones audiovisuales y radiofónicas, la ley establece una presunción de cesión al productor de ciertos derechos, entre los que se encuentran el derecho a la comunicación pública de la obra. En la práctica esto significa que el productor tiene el permiso implícito de los autores (director, guionista y compositor de la banda sonora original) para facilitar la comercialización y gestión de la producción. Cuando se trata de una obra cinematográfica el productor ha de contar además con una autorización expresa de los autores para la explotación vía radiodifusión.

No obstante, aunque los derechos de reproducción, distribución y comunicación pública estén cedidos al productor, cuando una obra audiovisual se emite por radiotelevisión o se exhibe en una sala de cine, según la legislación española los autores de la misma tienen derecho a recibir remuneración, de acuerdo con las tarifas establecidas por las distintas entidades de gestión involucradas. Es interesante mencionar que, cuando una obra audiovisual es proyectada mediante el pago de un precio de entrada, los autores también tienen derecho a percibir de los exhibidores un porcentaje de los ingresos procedentes de dicha exhibición. Esta tarea también se efectúa mediante las entidades de gestión.

Sin embargo existen varios matices. En primer lugar, aquellas producciones independientes exhibidas en circuitos alternativos pueden encontrar algunos impedimentos a la hora de demostrar que una comunicación pública se ha producido y reclamar su parte. Por otro lado, en el caso de aquellas producciones que cuentan con obras musicales sincronizadas (es decir, canciones preexistentes insertadas en la producción audiovisual), los autores de las mismas cobran sus beneficios de comunicación pública con independencia de la obra audiovisual en sí. Por último, en el caso de las obras audiovisuales publicitarias, la legislación española no contempla remuneración por comunicación pública para los autores (aunque, como hemos visto, en la práctica las editoriales musicales sí aplican este cobro).

Venta de música grabada en soporte físico

El crecimiento del mercado digital avanza a pasos agigantados. En el año 2014 por primera vez en la historia los beneficios alcanzados por la música grabada en soporte digital igualaban al mercado físico.

Se trata sin duda de un dato curioso, pues a pesar de su consumo masivo el soporte digital es muy difícil de monetizar. Su impacto directo en el mercado no ha podido ocupar el vacío dejado por la caída del modelo de negocio tradicional. Por un lado el nivel de consumo de música en soporte digital es inmensamente superior al impacto del soporte tradicional. Aunque la copia física es un producto relegado al coleccionismo, este desequilibrio no se traduce en el balance de beneficios directos. No obstante, la distribución digital posee unos beneficios indirectos incalculables.

La distribución física sigue tiene un gran impacto en el mercado del coleccionismo. La venta de cedés, colecciones, vinilos y demás material en formato tangible puede ser uno de los fuertes para ciertos artistas. En ocasiones es una cuestión principalmente generacional. Los grupos y solistas más veteranos cuentan con seguidores de mayor edad, que han conocido el formato tradicional en todo su esplendor y que valoran la copia física como producto de valor.

Mención especial merece en este punto el formato del vinilo. Lo que en un principio parecía una tendencia pasajera cargada de nostalgia, se ha consolidado como un soporte puntero del mercado musical. La resurrección de la venta de discos de vinilo en plena era digital es un hecho. Sólo en Estados Unidos un 18% de las ventas físicas corresponden a este formato, cuyos beneficios superan a los ingresos publicitarios generados a través del streaming gratuito.

Cadena de valor del soporte físico

La cadena de valor del soporte físico es similar a la del mercado digital. La principales diferencias recaen en unos costes de producción y distribución mucho mayores.

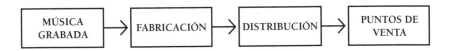

▶ **Fábrica de discos:** La fábrica de discos es la encargada de fabricar el soporte físico final (cedé, vinilo o dvd). El coste varía según el formato, el soporte, la calidad del mismo y el material gráfico.

▶ **Distribuidora:** El objetivo es hacer llegar el producto físico hasta el consumidor final a través de los diversos puntos de venta. Los gastos de transporte aumentan los precios significativamente.

Un mayor número de intermediarios supone un incremento del coste. El porcentaje percibido por el artista tras la compra es mucho menor, a no ser que sean él quien se encargue de distribuirlo y venderlo. Este es el caso de la venta de discos en estands situados en los propios conciertos, lo que sitúa a la copia física como un producto más de merchandising.

▶ **Puntos de venta habituales**

▶ Estand en conciertos.

▶ Venta directa por correo.

▶ Plataformas *online* especializadas.

▶ Tiendas y grandes superficies.

¿Qué necesitas para fabricar y distribuir un disco?

▶ Master de grabación.

▶ Diseño de arte gráfico (portada, libreto, contraportada, galleta del cedé o vinilo).

▶ Código de barras y depósito legal (normalmente administrados por la fábrica o la distribuidora).

¿Cuáles son las características de los compradores potenciales de este soporte?

▶ Público mayoritariamente adulto. Se trata de personas que han conocido la industria musical predigital, donde los hábitos eran bien diferentes y la copia física suponía el principal producto de consumo.

▶ Perfil coleccionista.

▶ Seguidores del grupo con buen nivel de fidelidad.

Merchandising

El merchandising supone una fuente de ingresos extra muy a tener en cuenta en el desempeño del negocio musical. Los productos de merchandising han de ser muy visuales y reflejar la identidad artística de un proyecto. Son concebidos como un elemento de diferenciación respecto a la competencia. Por tanto cuanto más creativo sea su diseño mejor cumplirá su función. En la actualidad el soporte físico puede considerarse un producto más de merchadising, al compartir puntos de venta y similar cadena de valor.

Los puntos de venta más habituales suelen ser los estands situados en los propios conciertos del grupo o solista. Aunque también son efectivas otras vías como la venta directa por correo, las plataformas *online* especializadas, las tiendas y las grandes superficies (para propuestas con mayor implantación en el mercado). Por otro lado, nunca está de más promocionar algún producto durante el propio concierto, especialmente si se trata de un cedé o vinilo.

Un puesto de merchandising puede marcar la diferencia en nuestros conciertos, pues nos permite:

▶ Obtener ingresos económicos complementarios.

▶ Mejorar nuestra imagen de marca.

▶ Fomentar el boca oreja.

▶ Ofrecer al público un objeto de coleccionismo.

▶ Vender un producto de utilidad relacionado con nuestra música.

Para que esta puesta en práctica sea efectiva, hemos de procurar que el puesto tenga la suficiente visibilidad dentro de la sala o el recinto donde se celebre la actuación. Además, es recomendable que atendamos personalmente a los posibles seguidores que se acerquen para interesarse por alguno de los productos en venta. Podemos reservar un tiempo a esta función tanto antes como después de la actuación. Esto nos permite interactuar con nuestro público y crear vínculos emocionales que consolidarán la fidelidad de los seguidores. Por razones obvias, también es fundamental que el puesto de merchandising esté atendido mientras nosotros estamos sobre el escenario.

Algunos posibles productos de merchandising

▶ Música grabada en soporte físico.

▶ Camisetas.

▶ Gorras y sombreros.

▶ Pegatinas.

▶ Posters.

▶ Púas de guitarra.

▶ Tazas.

▶ Chapas.

▶ Pulseras y anillos.

▶ Colgantes.

▶ Vasos y platos.

▶ Juguetes.

▶ Pendrives.

Patrocinios y colaboraciones con marcas comerciales

La convergencia entre marcas y música no es un fenómeno nuevo, pero es en los últimos años cuando ha alcanzado un nivel avanzado de desarrollo. Las nuevas tecnologías, los cambios de hábitos de consumo y en el modelo de negocio, unidos a la debilidad por la que atraviesan los líderes de opinión tradicionales, han provocado que cada vez sean más las posibilidades de patrocinio y colaboración entre músicos y marcas.

Hoy en día resulta muy difícil encontrar un gran evento de música en vivo que no cuente con un patrocinador. Las marcas se han dado cuenta del vacío existente en el negocio musical. Aunque, evidentemente, ninguna marca patrocinará o apoyará un proyecto si no obtiene algún tipo de beneficio a cambio, sobre todo a nivel de imagen corporativa.

Las marcas comerciales pueden jugar un papel muy relevante en la inversión económica para la realización de un evento musical o en la financiación de una producción. Los patrocinadores se han convertido en importantes aliados de los artistas. Pueden llegar a convertirse, si el proyecto se trabaja y merece la pena, en altavoces de una propuesta musical.

Una propuesta de colaboración debe estar hecha a la medida de su destinatario y debe estar acorde a los valores, principios, misión y visión de la marca pretendida en cuestión. El beneficio ha de ser mutuo. La relación entre marcas y músicos no se trata de un acto de caridad. Forma parte de la estrategia de comunicación de ambos. Es una especie de matrimonio de conveniencia donde el público objetivo ha de ser común.

Gracias a la ayuda de los patrocinios una propuesta musical puede:

▶ Abaratar costes.

▶ Amortizar gastos de producción.

▶ Ayudar a difundir una propuesta musical.

▶ Acceder a una mayor cantidad de seguidores potenciales.

Gracias a la ayuda de los artistas una marca comercial puede:

▶ Acceder a los seguidores de un grupo.

▶ Mejorar su imagen frente a los consumidores.

Últimos consejos cotidianos

Protege la autoría de tu obra

El autor de una obra musical es titular de sus derechos de propiedad intelectual por el mero hecho de haberla creado. Sin embargo para que esto sea viable es indispensable poder demostrar dicha autoría. Por esta razón es muy recomendable registrar siempre las obras antes de difundirlas para protegernos de posibles plagios. A continuación repasamos algunas de las opciones más frecuentes.

▹ **Registro de Propiedad Intelectual:** El RPI es el registro oficial del Ministerio de Cultura. Para efectuar el registro es necesario la partitura y la letra de la obra. Esta gestión tiene un coste de unos 12 euros aproximadamente.

▹ **Registro de la Sociedad General de Autores y Editores:** El registro de la SGAE también nos sirve para demostrar la autoría de una obra. Sin embargo la función de esta entidad gestión no es proteger del plagio a los autores, sino la recaudación de los beneficios generados por la explotación de las obras en concepto de derechos de propiedad intelectual, por lo que la propia entidad recomienda el registro paralelo en el RPI. Para efectuar el registro también es necesario facilitar la partitura y la letra de la obra. La tarifa por registro es gratuita pero es imprescindible ser socio de la entidad, que además de tener cierto coste nos obliga a ceder la gestión de todas nuestras obras. El registro de la SGAE entra en conflicto con las licencias Copyleft y Creative Commons.

▹ **Registros alternativos:** Se trata de registros que nos proporcionan un certificado con el que podemos demostrar la autoría de una obra. Aunque suelen ser servicios gratuitos, las opciones de pago nos ofrecen más facilidades. Un ejemplo de este tipo de opciones es el registro de SafeCreative.

▹ **Comunicación pública:** Un acto de comunicación pública tiene validez de registro. Sin embargo, no siempre es fácil demostrar que esta comunicación pública se ha efectuado. Por tanto es recomendable acudir al registro efectivo de la obra, que cuenta con mayores garantías legales.

Busca un equilibrio entre lo musical y lo extramusical

Tareas como ensayar, estudiar, componer, tocar en directo, grabar o impartir clases son propias del oficio musical. Sin embargo, como hemos visto, existen otras funciones mucho menos placenteras a las que un músico debe enfrentarse que consumen tiempo y energía.

Para no volverte loco es necesario no perder nunca de vista que eres músico y tu trabajo es dedicarte a la música. Esto quiere decir que, aunque el trabajo de oficina es imprescindible, emplear toda tu jornada laboral a contactar con promotores, cuadrar agendas y a gestionar redes sociales puede ser contraproducente si al final acabas restando tiempo a todo lo demás. Un músico dedicado exclusivamente a tareas extramusicales puede terminar sin rumbo. Es importante reservar tiempo para mejorar como músico y dedicarte a aquellas tareas que definen tu profesión, que no es otra que la música.

Aprende a gestionar tu propio tiempo

Diseñar una jornada laboral en la que puedas abarcar las distintas actividades musicales sin descuidar el trabajo extramusical puede ser de gran ayuda. Esto incluye saber cuándo tienes que cerrar la persiana y desconectar. Todo ello variará en función de tus necesidades, tu personalidad y tu situación profesional. Evidentemente la rutina de alguien que se gana la vida exclusivamente gracias a la música será bien diferente a la de aquel que tiene que compaginarla con otras actividades. De la misma manera, la jornada laboral de un músico puede variar mucho dependiendo de si tiene tareas extramusicales delegadas en terceras personas.

Diversifica tus actividades musicales

Una de las claves para ganarse la vida con la música está en la diversificación. Aunque existen casos de éxito en los que un músico puede vivir completamente dedicado a una sola tarea, lo más frecuente es que diversifique su trabajo. Se trata de no colocar todos los huevos en la cesta, una práctica tan habitual como deseable para sobrevivir dignamente en el negocio.

Trabaja con constancia para lograr frutos

A menudo recurrimos al factor suerte para explicarnos por qué algunos músicos consiguen frutos y otros no. Hay muchos motivos para que esto ocurra pero, al igual que la inspiración, la suerte también llega trabajando. Estar en el sitio y en el momento oportuno, como se suele decir, será mucho más probable si trabajas con constancia y te esfuerzas en desarrollar tu carrera paso a paso.

Aprende a delegar cuando estés en condiciones de hacerlo

Aunque la autoproducción sea cada vez más una tendencia, al músico profesional le cuesta mucho delegar cuando toca hacerlo. Esto tiene su explicación: el gremio es muy individualista y los músicos tienen miedo a perder el control de su carrera. Pero uno de los principales daños colaterales de nuestra era es que los músicos apenas tienen tiempo para dedicarse a la música. Por eso es fundamental delegar estas funciones extramusicales a profesionales de confianza cuando tu carrera alcanza un punto donde tienes la capacidad económica para hacerlo.

Plantéate metas cortas para celebrar los pequeños logros

Es buena idea tener un rumbo claro hacia el que orientar nuestra carrera, una hoja de ruta con objetivos a corto, medio y largo plazo. Sin embargo las cosas no salen siempre según lo planeado y tenemos que estar dispuestos a ser flexibles a los vaivenes del negocio. Por esta razón es muy recomendable marcarse siempre metas cortas, avanzar con los pies en el suelo, ir paso a paso, celebrar los pequeños logros. Esto nos ayudará a tener siempre las pilas cargadas y a mantener una actitud positiva.

Sé realista

No te marques metas quiméricas, ni objetivos que no puedas cumplir. El propósito último nunca debe ser la fama y el éxito mundial. No te vas a hacer millonario. Hay vías muchísimo más eficientes para lograr esos objetivos que la industria de la música.

Mantén una actitud positiva

La música es un oficio al que merece la pena dedicar energía. Para muchas personas es una forma de vida, independiente de que se ganen o no el pan con ello. Quienes invierten la mayor parte de su tiempo en la música lo hacen por pura vocación. Por tanto, es importante mantener siempre una actitud positiva y saber disfrutar del camino del oficio del músico. La disciplina, el esfuerzo y el trabajo no suponen gran sacrificio para aquellos que verdaderamente aman lo que hacen. Además será un energía que trasmitirás a los demás, a tu público y a tus compañeros.

APÉNDICE

SALAS DE CONCIERTOS

ANDALUCÍA

ALMERÍA

CALIOPE
Av. de Carlos III, 401,
04720 Roquetas de Mar, Almería
674 508 682 / 642 464 150
salacaliopeaguadulce@gmail.com
http://salacaliope.com/

CIBELES
Calle Marqués de Comillas, 18,
04004 Almería
630 14 08 66
http://www.facebook.com/Cibeles-Almeria

CLASIJAZZ
Calle Maestro Serrano nº 9,
04004 Almería
clasijazz@hotmail.com
http://clasijazz.com/

HEARTBREAK AGUADULCE
Puerto Deportivo Aguadulce Local
1, 04720 Aguadulce
950 55 06 89
info@heartbreakaguadulce.com
http://www.heartbreakaguadulce.com/

LA CUEVA
Calle del Canónigo Molina Alonso, 23, 04004 Almería
950 08 25 21
http://www.lacueva-almeria.com/

MADCHESTER CLUB
Parque de Nicolás Salmerón, 9,
04001 Almería
info@madchester.es
http://www.madchester.es/

STUDIO CAFÉ
Calle Emilio Campra Bonillo,
04006 Almería, España
http://www.studiocafe.es/

CÁDIZ

SUPERSONIC
Punta de San Felipe, Paseo Almte.
Pascual Pery, s/n, 11004 Cádiz
quieroactuar@salasupersonic.com
www.salasupersonic.com

PAUL ESPACIO JOVEN
Calle Paúl, s/n, 11402 Jerez de la
Frontera
956 14 95 90
informacion.juventud@aytojerez.
es
https://www.facebook.com/sala-
paul/

PELÍCANO MUSICAFÉ
Avenida Fernández Ladreda 1.
11008 Cádiz
956 28 84 26
info@elpelicano-musicafe.com
http://www.elpelicano-musicafe.
com/

LA GRAMOLA
Pasaje Fuente Nueva,
11203 Algeciras
633 16 08 98
http://www.salagramola.es/

WOODSTOCK BAR
Cánovas del Castillo esq Sagasta,
11003 Cádiz
956 21 21 63
woodstockbeach@gmail.com
https://www.facebook.com/
woodstock.centro

BEREBER
Calle de las Cabezas, 8-10,
11403 Jerez de la Frontera
605 94 75 77
redesbereber@gmail.com
https://www.facebook.com/bere-
bercopas

MILWAUKEE JAZZ
C/ Bajamar, 10.
El Puerto de Santa María
956 87 17 19
info@mkjazz.com
http://www.mkjazz.com/

CAFÉ TEATRO PAY PAY
956 25 25 43
info@cafeteatropaypay.com
http://www.cafeteatropaypay.com/

CÓRDOBA

HANGAR CÓRDOBA
Av. de la Libertad, 2,
14006 Córdoba
637 11 75 66
aggestiones@gmail.com
https://www.facebook.com/Hangarcordoba

SIMBALA
Av. de Chinales, 11,
14007 Córdoba
627 985 326
info@salasimbala.com
http://www.salasimbala.com/

LONG ROCK CENTRO
Calle Teniente Braulio Laportilla,
6, 14008 Córdoba
957 78 77 99
info@longrock.es
https://www.longrock.es

JAZZ CAFÉ
Calle Rodríguez Marín, s/n, 14002
Córdoba
957 48 14 73
jazzcafecordoba@hotmail.com
https://www.facebook.com/jazzcafecordoba

AUTOMÁTICO
C/ Alfaros, n°4, 14001 Córdoba
625 12 95 22
https://www.facebook.com/automaticobar

GRANADA

AFRODISIA CLUB
Calle Almona del Boquerón, 10,
18001 Granada
958 20 35 21
info@afrodisiaclub.com
http://www.afrodisiaclub.com/

BOOGACLUB
Calle Sta. Bárbara, 3,
18001 Granada
http://boogaclub.com/

CAFE JUGLANS
Camino Puente del Palo, s/n,
Churriana de la Vega, Granada
648 07 37 19
contactar@cafejuglans.es
http://cafejuglans.es/

CAFÉ PÍCARO
Calle Varela, 10, 18009 Granada
958 22 09 35
http://cafepicaro.es

EL TABANCO
Cuesta de San Gregorio, 24.
Granada
662 13 70 46
http://www.eltabanco.com/

EL TREN
Carretera de Málaga,
18015 Granada
958 29 62 07
contratacion@salaeltren.com
http://www.salaeltren.com/

FORUM PLAZA
Edificio Forum, Calle Jose Luis
Perez Pujadas, s/n,
18006 Granada
677 44 70 68
info@forumplaza.es
http://forumplaza.es/

INDUSTRIAL COPERA
Calle Desmond Tutu, Parcela 13,
18640 La Zubia, Granada
958 63 78 37
silvia@industrialcopera.net
http://industrialcopera.net/

LA TERTULIA
Calle Pintor López Mezquita, 3,
18002 Granada
958 29 17 96
http://www.tertuliagranada.com

LA CHISTERA
Plaza Baja, 18193 Monachil,
Granada
958 99 26 34
http://www.lachisteramonachil.
com/

PATA PALO
Calle Naranjos, 2, 18010 Granada
665 93 59 78
http://www.facebook.com/patapa-
lo.granada

PLANTA BAJA
Calle Horno de Abad, 11,
18002 Granada
contratacion@plantabaja.net
http://www.plantabaja.net/

VIMAAMBI
Cuesta de San Gregorio, 30,
18010 Granada
958 22 73 34
info@vimaambi.com
https://www.facebook.com/taller-
deartevimaambi/

SALA PRINCE
Campo del Príncipe, 7,
18009 Granada
665 04 71 41
http://salaprince.com/

HUELVA

LA FRONTERA
Plaza Polirrosa, 15, 21007 Huelva
600845428
https://www.facebook.com/sala-
frontera

LIQUID CLUB
Av. del Nuevo Colombino, 21001
Huelva
678 37 73 10
https://www.facebook.com/liqui-
dclubhuelva/

JAÉN

**CAFÉ TEATRO CENTRAL
BAEZA**
Calle Barreras, 19, 23440 Baeza
953 744355 / 671 60 21 83
http://www.cafeteatrocentral.com/

CASABLANCA ALCALÁ LA REAL
Calle Federico García Lorca, 6,
23680 Alcalá la Real
953 58 52 31

DEAN PLAZA
C/ Cronista Cazabán, S/N, 23001
Jaén
670 89 41 51

IROQUAI
Calle de los Adarves Bajos, 41,
23001 Jaén
678 21 49 40

KHARMA
Carretera de Madrid, km 333.
Jaén
607 23 99 89
https://www.facebook.com/sa-
lakharma.jaen

MÁLAGA

CAMM JAZZ CLUB
Calle Flauta Mágica, 30. Málaga
952 335 102
info@camm.es
www.asociacionjazzmalaga.com

CLARENCE JAZZ CLUB
Calle Cañón, 5. Málaga
951 918 087
info@clarencejazzclub.com
www.clarencejazzclub.com

EL ARTSENAL
Muelle Uno, 29001, Málaga.
629 60 94 04
artsenal.muelleuno@gmail.com

EL PISO
Avenida la Estación 2, 29640.
Fuengirola
649 90 6523
barelpisofuengirola@gmail.com
http://www.barelpiso.com/

EVENTUAL MUSIC
C/ Cuernavaca 21-23, Polígono
San Luis, 29006, Málaga.
951 114 992
info@eventualmusic.com
http://www.eventualmusic.com/

JAMMIN' LIVE MUSIC
Torremolinos
616 84 81 03
https://www.facebook.com/jam-
min.bar

LA CAJA BLANCA
Avda. Editor Ángel Caffarena, 8.
29010, Málaga.
951926098 / 951926440
lacajablanca@malaga.eu
http://juventud.malaga.eu/

LA COCHERA CABARET
Avenida de los Guindos 19,
29004. Málaga
952246668
info@lacocheracabaret.com
http://lacocheracabaret.com/

LARIOS JAZZ CLUB
C/ Marqués de Larios, 2. Málaga
952 22 22 00

LOLA'S BAR
Av. de los Condes de San Isidro
22, 29640, Fuengirola.
951 259 252
https://www.facebook.com/lolas-bar.fuengirola

LOUIE LOUIE
Avenida de Luis Braille (Puerto
deportivo), 29680, Estepona
louielouierockestepona@gmail.
com
http://louielouierockbar.com/

MOOCHERS JAZZ CAFÉ
C/ de la Cruz, 17,
29640 , Fuengirola.
952 47 71 54
moochers@moochersjazzcafe.
com
http://www.moochersjazzcafe.
com/

NECKER JAZZ CLUB
Avenida de Príes, 18
610 01 40 07
info@salanecker.com
http://www.salanecker.com/

OCEAN DRIVE
Calle Jacinto Benavente, 1, 29640,
Fuengirola
644366506
https://www.facebook.com/ocean-driveboatparty/

ONDA PASADENA
Calle Gómez Pallete, 5. Málaga
952 60 09 84

PARÍS 15
C/ La Orotava 25-27
Polígono Industrial San Luís,
29006, Málaga.
952038626
info@paris15.es
http://www.paris15.es/

POGS IRISH PUB
Calle Lamo de Espinosa, 29640,
Fuengirola.
http://www.pogsfuengirola.com/

SHAGGY'S
Paseo del Puerto, local 42, 29640,
Fuengirola.
676 19 45 37
isabelle_shaggys@hotmail.com

TENESSEE LIVE CLUB
C/Denis Belgrano, 3, 29008,
Málaga.
657491159

THE HALL
Calle Héroe de Sostoa, 65
696 484 992
info@thehall.in
http://www.thehall.in/

THEATRO CLUB
Calle Lazcano, 5
670 09 87 49
http://www.facebook.com/Thea-troClubMalaga/

TRINCHERA
C/ Parauta, 25. Polígono La Estrella, 29006, Málaga.
619 494 993
http://salatrinchera.com/

VELVET CLUB
Calle Comedias, 15, 29008, Málaga.
programacion@velvetclub.es
http://www.velvetclub.es/

ZEPPELIN BAR
Gerald Brenan, 50. Alhaurín El Grande
952 59 46 25
barzeppelin@hotmail.com
http://www.zeppelinbar.com/

ZZ PUB
Calle Tejón y Rodríguez, 6, 29008, Málaga.
info@zzpub.es
http://www.zzpub.es/

SEVILLA

ANTIQUE THEATRO
C/ Matemáticos Rey Pastor y Castro, s/n, 41092 Isla de la Cartuja, Sevilla
954 462 207 / 666 55 05 50
antique@antiquetheatro.com
http://www.antiquetheatro.com/

CASA LA TEATRO
Plaza del altozano S/N . Mercado de Triana , puestos 11-12, 41010 Sevilla. 657 31 68 64
info@casalateatro.com
http://www.casalateatro.com/

COSMOS
Calle Carlos de Cepeda, 2, 41005 Sevilla. 954 225 165
comunicacion@salacero.com
http://salacero.com/

CISMAN
Aeronautica n 13. Palacios y Villafranca. 605 13 80 20
http://www.facebook.com/cismanrock.sala

CUSTOM
Calle Metalurgia, 25, 41007 Sevilla
957 49 75 01
info@salacustom.com
http://www.salacustom.com/

EL CAFÉ DEL CINE
Parque Aljarafe,1. 41940 Tomares, Sevilla
629 68 20 94
elcafedelcine@elcafedelcine.com
http://www.elcafedelcine.com/

EVENTS
Calle Matemáticos Rey Pastor y Castro, 3, 41092. Sevilla
info@salaevents.net
http://www.salaevents.net/

FANATIC
Calle Herramientas, 35.
41006 Sevilla
616 052 680
conciertos@salafanatic.com
http://www.salafanatic.com/

FUN CLUB
Calle Alameda de Hércules, 86,
41002 Sevilla
695 573 792 / 636 669 023
info@funclubsevilla.com
http://funclubsevilla.com/

HOLLÄNDER
Calle Uranio, 6, 41007 Sevilla
620 82 50 43
a.c.dfhollander@gmail.com
http://salahollander.blogspot.
com.es/

JAZZ CORNER
Calle Rodio, 41, 41007 Sevilla
954 36 00 98 / 629 82 86 08
http://www.jazzcornersevilla.es/

LA CAJA NEGRA
Calle Fresa, 15. Sevilla
https://www.facebook.com/lacaja-
negrasevilla

LA SALA
Plaza del Pumarejo. 41003, Sevilla
info@conciertosensvq.com
http://www.conciertosensvq.com/

MALANDAR
Av/ Torneo, 43. 41002, Sevilla
954 217 702 / 690 953 912

alberto@spyromusic.com
http://salamalandar.com/

NAIMA CAFÉ JAZZ
Calle Trajano 47
954 38 24 85

OBBIO
C/Trastamara, 29, 41001 Sevilla
692 52 90 93
http://obbioclub.com

ORPHEUS ROCK
Av. de Cuba, 22, 41927 Mairena
del Aljarafe, Sevilla
955 31 10 51
info@orpheusrock.com
https://www.facebook.com/Or-
pheusRock

PALO PALO
Avd. Libertad, 15b, 41569 Mari-
naleda, Sevilla
955 91 00 82 / 626703009
palopalo@palopalo.es
http://www.palopalo.es/

SALA FLAMENCO
C/ Castilla 137 Triana, Sevilla
954 34 04 27
https://www.facebook.com/sala.
flamenco

SALA X
Calle José Díaz, 7, 41009 Sevilla
640 75 21 52
info@rocknrollaproducciones.
com
http://lasalax.com/

VANNITY
Calle Economía, 19. Sevilla
954 51 45 94
info@newtheatre.es
http://www.vannitysevilla.com/

ARAGÓN

HUESCA

**CENTRO CULTURAL MATA-
DERO**
Av. Martínez de Velasco, 6, 22005
Huesca
974 21 36 93
http://www.redaragon.com/

SALA CORLEONE
Camino Aurin s/n. 22600
Sabiñánigo
info@salacorleone.com
http://www.salacorleone.com/

SALA EDEN
974 22 76 25
info@salaeden.com
http://www.salaeden.com/

EL VEINTIUNO
Calle Padre Huesca, 52, Huesca
luis@elveintiuno.com
http://www.elveintiuno.com/

TERUEL

EL SÓTANO ROCK AND PUB
Joaquin Costa, 30, 44001 Teruel
978 61 78 13 /
691 14 30 53

**LO COSCOLL DE LA FRESNE-
DA**
Plaza Mayor 11, 44596 La Fresne-
da (Teruel)
978 85 48 92
locoscoll@gmail.com
https://www.facebook.com/locos-
coll/

PLACE LUNCH CAFÉ TEATRO
Plaza El Torico, 44001 Teruel
978 60 84 06
place010@gmail.com

ZARAGOZA

ARENA ROCK
Pza. Utrillas, 3. 50013 Zaragoza
arenarockzgz@gmail.com
http://www.arenarock.es/

CAFE EL ZORRO
Calle Cádiz, 13, 50002 Zaragoza
605 97 16 43
pubelzorro@gmail.com
http://www.quebaileelzorro.com

CAFE DUBLIN
C/ Porcell 12. 50001 Zaragoza
976 21 80 58

cafedublin@cafedublin.es
http://www.cafedublin.es/

CREEDENCE
Plaza San Lamberto, 3,
50004 Zaragoza
696 94 67 07
http://creedence.es/

DA LUXE CAFÉ CANTANTE
Plaza de Nuestra Señora del Pilar,
12, 50003 Zaragoza
976 29 58 77
info@daluxe.es
https://www.facebook.com/dalu-
xezgz

EL CORAZÓN VERDE
C/África, 8, 50007 Zaragoza
elcorazonverdeterrazabar@gmail.
com
https://www.facebook.com/elco-
razonverdebar

EXPLOSIVO! CLUB
C/ Las Armas, Nº 70,
50003 Zaragoza
657 86 44 27
victor@desafinadoproducciones.
com
http://www.desafinadoproduccio-
nes.com/

JUAN SEBASTIÁN BAR
Calle Luis Oro, 5-7,
50005 Zaragoza
976 55 06 75
osobuco51@hotmail.com
http://www.juansebastianbar.net/

**LA CAMPANA DE LOS PERDI-
DOS**
Calle de Prudencio, 7,
50003 Zaragoza
976 39 80 85
http://www.campanadelosperdi-
dos.com/

LA CASA DEL LOCO
Calle Mayor 10-12,
50001 Zaragoza
976 29 38 50
info@lacasadelloco.es / lacasade-
llocozgz@gmail.com

LA LATA DE BOMBILLAS
María Moliner 7, 50007 Zaragoza
lalatadebombillas@gmail.com
https://www.facebook.com/lalata-
debombillas

LA LEY SECA
Calle de Sevilla, 2,
50007 Zaragoza
976 38 00 12
info@laleyseca.com
http://www.laleyseca.com/

LAS ARMAS
Plaza Mariano de Cavia,
50003 Zaragoza
976 72 55 70
info@alasarmas.org
http://www.alasarmas.org/

SALA ZETA
976 56 78 89
conciertos@salazeta.com
http://www.salazeta.com

TEATRO ARBOLÉ
Paseo del Botánico, 4.
50018 Zaragoza
976 734 466
arbole@teatroarbole.es
http://www.teatroarbole.es/

THE ROYAL CLUB
Camino de las Torres, 42,
50008 Zaragoza
976 21 54 03
http://www.theroyalclub.es/

SALA UTOPÍA
Calle Luis del Valle, 19,
50005 Zaragoza
salautopiaconciertos@gmail.com
https://www.facebook.com/uto-piasala/

SALA LÓPEZ
Calle Sixto Celorrio, 2,
50015 Zaragoza
976 44 66 66
booking@salalopez.com
http://www.salalopez.com/

SALA ROXY
Calle el Temple, 7,
50003 Zaragoza
672 78 23 58

ASTURIAS

ACAPULCO
Calle Fernández Vallín, S/N,

33205 Gijón, Asturias
690 83 33 39 / 985 34 34 34
marino@2monkeys.es
http://casino-asturias.com/

BANCAL 21
Calle Asturias, 21, 33004 Oviedo
984 18 60 22
bancal21@gmail.com
http://bancal21.es/

CENTRO NIEMEYER
Avda del Zinc, s/n, 33400 Avilés
984 83 50 31
info@niemeyercenter.org
http://www.niemeyercenter.org/

LA CALLEJA LA CIEGA
Calle Martínez Vigil, 14,
33010 Oviedo

LA LATA DE ZINC
Calle Julián Cañedo, 4 L,
33008 Oviedo
669 48 94 58

LA SALVAJE
Calle Martínez Vigil, 9,
33010 Oviedo
lasalvaje.oviedo@gmail.com
http://www.lasalvajeoviedo.com/

TOMA 3
C/Marques de Casa Valdes. 27,
33202 Gijón
984 047 061
toma3gijon@telecable.es
http://www.toma3gijon.com

SAVOY CLUB
Dindurra 21 y Covadonga 5,
33202 Gijón
https://www.facebook.com/savoy-
gijon/

TEATRO ALBÉNIZ GIJÓN
San Bernardo 62, 33201 Gijón
http://www.sala-albeniz.com/

CANTABRIA

**BNS BUENAS NOCHES
SANTANDER**
Av. Reina Victoria, 46,
39005 Santander
bns@mouroproducciones.com
http://www.salabns.net

BLACK BIRD
Calle Vista Alegre, 13,
39001 Santander
https://www.facebook.com/black-
birdclub

ESCENARIO SANTANDER
Av de la Constitución, 27,
39012 Santander
942 21 32 70
escenariosantander@gmail.com
http://www.escenariosdr.es

HEAVEN D.C.
Barrio Cacicedo Central 13 (Polígono de Elegarcu),
39609 Camargo
691 26 45 77

artmusick@gmail.com
https://www.facebook.com/sala-
heaven

IPANEMA
Av. Calvo Sotelo 4, Bajo, 39710
Solares, Cantabria, Spain
635 07 00 44
https://www.facebook.com/salai-
panemasolares

NIAGARA
Calle San Simón, 14,
39003 Santander
salaniagara@gmail.com

SÜMMUM
Calle Casimiro Sainz, 10,
39004 Santander
637 66 17 53
info@summumsantander.com
http://www.summumsantander.
com

WHISKY BAR LOS PICOS
Calle Camilo Alonso Vega, 27,
39722 Liérganes
942 52 86 01
wblospicos@hotmail.com

CASTILLA LA MANCHA

ALBACETE

NIDO DE ARTE
Calle Nueva, 5, 02002 Albacete
967 21 44 04

NUEVA BALADA
Av. de España, 65, 02006 Albacete
967 22 58 47

PUSSYWAGON
C/ Nueva 12, 02005 Albacete
https://www.facebook.com/
SPWalbacete

VELOURIA
Calle Concepción, 24,
02001 Albacete
607 58 10 79 / 670 03 20 85
velouriabar@gmail.com
https://www.facebook.com/ve-
louria.bar

SALA BAOBA
Calle Caba, 2, 02001 Albacete
697 42 22 13

TOLEDO

**CÍRCULO DE ARTE DE
TOLEDO**
Plaza de San Vicente, 2,
45001 Toledo
925 25 66 53
circuloartetoledo@gmail.com
http://www.circuloartetoledo.org/

GARCILASO CAFÉ
Calle Rojas, 5, 45001 Toledo
925 22 91 60
contratacion@grupocinconotas.
com
http://www.losclasicostoledo.
com/

LOS CLÁSICOS
Calle Rojas, 5, 45002 Toledo
925 21 43 29
produccion1@grupocinconotas.
com
http://www.losclasicostoledo.com

PÍCARO
Calle de las Cadenas, 6,
45001 Toledo
925 21 43 29
produccion1@grupocinconotas.
com
http://www.picarotoledo.com/

CIUDAD REAL

NICE
http://www.salanice.com/
Av. Torreón del Alcázar, 2, 13004
Ciudad Real
armando@salanice.com
http://www.salanice.com/

ZAHORA MAGESTIC
C/ Hernán Pérez del Pulgar, 6,
13002 Ciudad Real
926 92 39 27
guillermo@zahora.es
http://www.zahora.es/

CASTILLA LEÓN

ÁVILA

NEW KAMELOT
669 70 05 09
salakamelot@gmail.com
https://www.facebook.com/conciertosAvila

BURGOS

HANGAR
Calle San Pedro y San Felices, 55,
09001 Burgos
947 27 59 79
info@hangarburgos.com
http://www.hangarburgos.com/

ESTUDIO 27
Estadio Municipal de El Plantío,
Burgos
estudio27b@gmail.com

LA COLMENA MUSICAL
Polígono Industrial Prado Marina,
Calle Racimo, 6,
09400 Aranda de Duero
629 25 61 73
info@lacolmenamusical.com
www.lacolmenamusical.com

LA RUA
Av. Reyes Católicos, 26,
09005 Burgos
947 07 37 66
info@laruaburgos.com / barlarua@hotmail.com

947073766
http://laruaburgos.com

GUADALAJARA

ESPACIO TYCE
Calle Grecia, s/n,
19005 Guadalajara
949 88 70 70
info@tyce.es
http://www.tyce.es/

ÓXIDO
Calle de la Batalla de Villaviciosa,
11, 19004 Guadalajara
949 20 09 25
http://www.salaoxido.net/

LEÓN

EL GRAN CAFÉ
Calle de Cervantes 9, 24003 León
987 27 23 01
http://www.elgrancafeleon.com/

OH! LEÓN
Avenida Alcalde Miguel Castaño,
115, 24005 León
987 21 90 00
info@grupoohleon.com
https://www.facebook.com/discotecaohleon/

STUDIO 54
Calle de Burgo Nuevo, 18,
24001 León
987 25 52 12

info@studio54leon.com
www.studio54leon.com

PALENCIA

UNIVERSONORO
C/ San Juan de Dios, Nº 3,
34002 Palencia
979 10 02 07
eventos@universonoro.com
http://www.universonoro.com

QUASAR
C/ Rizarzuela, 18. 34002, Palencia
687 886 369
http://www.quasarpalencia.es/

SORIA

CAFÉ TEATRO AVALÓN
C/ Las Balsas 2, Bajos, 42005 Soria
975 12 33 64
avalon.green.soria@hotmail.com
https://www.facebook.com/avalon.green.soria

ZAMORA

LA CUEVA DEL JAZZ
Plaza del Seminario, 3,
49003 Zamora
980 534 424
sala@lacuevadeljazz.com
http://lacuevadeljazz.com/

SALA BERLÍN
Centro Comercial La Marina, Calle de Diego de Losada, 2,
49080 Zamora
980 04 96 37
http://salaberlin.net/

SEGOVIA

BEAT CLUB SEGOVIA
Calle San Millán, 1,
40002 Segovia
630 54 55 49
inhospita@gmail.com
https://www.facebook.com/beat-club.segovia

TEATRO JUAN BRAVO
Plaza Mayor, 6. Segovia
921460039
http://www.teatrojuanbravo.org/

SALAMANCA

CAFÉ CORRILLO
Calle Meléndez, 18,
37002 Salamanca
923 27 19 17
info@cafecorrillo.com
www.cafecorrillo.com

CUBIC CLUB
Callle Bordadores 3,
37002 Salamanca
923 21 90 91
paco@camelot.es
http://www.camelot.es

GRAN CAFÉ MODERNO
Calle Gran Vía, 75,
37001 Salamanca
637 53 81 65
http://www.facebook.com/Gran-
CafeModerno

POTEMKIM
Calle Consuelo, 4,
37001 Salamanca
637 53 81 65
info@salapotemkim.com
http://www.salapotemkim.com/

PLAN B SALAMANCA MUSIC
Calle Sta. Teresa, 19,
37002 Salamanca
699 13 50 43
salamancaplanb@gmail.com
https://www.facebook.com/
planbsalamanca

THE IRISH ROVER THEATRE
Calle Rúa Antigua, 11,
37002 Salamanca
664 41 49 37
manu@grupokandhavia.com
http://www.grupokandhavia.com

VALLADOLID

BLACK PEARL CLUB
Calle Macías Picavea, 7,
47003 Valladolid
bpheinekenclub@hotmail.es
https://www.facebook.com/Sala-
BlackPearl

**LOS CONCIERTOS DE
LA ESTUFA**
Camino de la Dehesa, 47160 Arra-
bal de Portillo, Valladolid
675 07 58 48
conciertosdelaestufa@gmail.com
http://www.losconciertosdelaestu-
fa.es

PORTA CAELI
Calle Mariano de los Cobos, 1,
47014 Valladolid
649 57 97 70
info@salaportacaeli.com
http://salaportacaeli.com/

CATALUÑA

BARCELONA

ACME
Portugal, 29-31. Cerdanyola del
Vallés
686 146 964
info@salaacme.com
http://www.salaacme.com

BARTS CLUB
Avinguda del Paralel, 62.
Barcelona
673 753 980
infoclub@barts.cat
www.bartsclub.com

BECOOL
Pça. Joan Llongueras, 5. Barcelona

933620413
conciertos@grupodejavu.com
www.salabecool.com

BE GOOD
Sancho de Ávila, 78.
08018, Barcelona
93 362 04 13
conciertos@grupodejavu.com
www.grupodejavu.com

CAFE ROYALE
Nou de Zurbano, 3 Barcelona
934190743
www.teatreprincipalbcn.com

CEFERINO
Carrer Pamplona, 88. Barcelona
barceferino@gmail.com

CIRCUS
C/ Parcers, 9.
Cerdanyola del Valles
circusvalles@gmail.com
lasalacircus.wordpress.com

COCKTELERIA MILANO
Ronda Universitat, 35. Barcelona
931127150,
664748392, 627075124
larre.cocinacentral@yahoo.es
jose.fernandez@camparimilano.
com
www.camparimilano.com

DEPÓSITO LEGAL
C/ Santa Ana, 14. L'Hospitalet de
Llobregat 678406944

pedro@depositolegal.com
www.depositolegal.com

EL CLAP
Serra i Moret, 6. Mataró
pablito@clap.ws
www.casadelamusica.cat

EL MOSCOU
C/ del Ter, 136.
Torello 935 805 079
info@elmoscou.com
www.elmoscou.com

EL PÚBLIC
Carrer Xammar, 6. Mataró
eloi@clack.cat
www.elpublic.cat

EUSKAL ETXEA
Carrer de l'Arc de Sant Vicenç,
s/n, 08003 Barcelona
kulturabcn@euskaletxeak.org
www.euskaletxea.cat

ESTRAPERLO
C/ Isidre Nonell, 9,
08911 Badalona
933 84 30 80
estraperloclub@gmail.com
http://www.estraperloclubdel-
ritme.com

FAKTORIA D´ARTS
La Rasa, 64-66. Terrasa
937893152 / 605013678
info@faktoria.org
www.faktoria.org

HARLEM JAZZ CLUB
Carrer de Comtessa de Sobradiel,
8, 08002 Barcelona
933 10 07 55
zingariaproduccions@yahoo.es
www.harlemjazzclub.es

HELIOGÀBAL
C/ Ramón y Cajal, 80. Barcelona
www.heliogabal.com

JAMBOREE
Pl. Reial, 17. Barcelona
933191789
info-jamboree@masimas.com
www.masimas.com

JAZZSÍ CLUB
Requesens,2. Barcelona
934434346
http://www.tallerdemusics.com/
jazzsi-club/

KOITTON CLUB
Rossend Arús, 9. Barcelona
koittonclub@gmail.com
http://koittonclub.blogspot.com.
es

LA CAPSA
Av. del Pare Andreu de Palma, 5-7.
El Prat de Llobregat
934 78 51 08
info@lacapsa.org
http://lacapsa.org

LA FLAMA
Rambla Sant Francesc, 21.
Vilafranca del Penedes
935389808
contractacio@lespurnadelavila.cat
www.lespurnadelavila.cat

LA JAZZ CAVA
Rambla MontcDA, 5. Vic
jordi.casadesus@gmail.com
www.jazzcava.com

LES ENFANTS
Carrer Guàrdia, 3. Barcelona
claudifeliu@gmail.com
www.lesenfants.es

L'ONCLE JACK
C/ Roselles, 32. L'Hospitalet de
Llobregat
610718828
onclejack@onclejack.com
www.onclejack.com

LONDON BAR
Nou de la Rambla, 34. Barcelona
tonioeli@msn.com

LUZ DE GAS
Muntaner, 246. Barcelona
luzdegas@luzdegas.com
www.luzdegas.com

MAMA MANDAWA
C/ Mitjans, 4.
Cerdanyola del Valles
653045626
info@mamamandawa.com
www.mamamandawa.com

MARULA CAFÈ
C/ Escudellers, 49. Barcelona
ivan@marulacafe.com
www.marulacafe.com

MUSIC HALL
Rambla Catalunya, 2-4. Barcelona
932 508 611
contratacion@musichall.com
www.musichall.es

PLATAFORMA
Nou de la Rambla, 145. Barcelona
info@salaplataforma.com
www.salaplataforma.com

RAZZMATAZZ 1
Almogàvers, 122. Barcelona
93 320 82 00
info@salarazzmatazz.com
www.salarazzmatazz.com

RAZZMATAZZ 2
C/ Pamplona, 88. Barcelona
93 320 82 00
info@salarazzmatazz.com
www.salarazzmatazz.com

RAZZMATAZZ 3
C/ Pamplona, 88. Barcelona
93 320 82 00
info@salarazzmatazz.com
www.salarazzmatazz.com

ROCKSOUND BAR
Almogàver, 116. Barcelona
salarocksound@live.com
www.salarocksound.com

SALA 2
C/ Nou de la Rambla, 111.
Barcelona
934414001

SALA APOLO
Nou de la Ramble, 113. Barcelona
934414001
info@sala-apolo.com
www.sala-apolo.com

SALA BARTS
Av. Paralel, 62. Barcelona
933248494
info@barts.cat
www.barts.cat

SALA BIKINI
Diagonal, 547. Barcelona
93.322.08.00
bikinilive@bikinibcn.com
www.bikinibcn.com/conciertos

SALA BÓVEDA
Roc Boronat, 33. Barcelona
933 09 13 15
salaboveda@gmail.com
www.salaboveda.com

SALA FIZZ
C/ Balmes, 83, 08008 Barcelona
93 454 18 80
http://www.salafizz.com

SALA KGB
Carrer de ca l'Alegre de Dalt, 55,
08024 Barcelona
direccionkgb@gmail.com
http://sala-kgb.es

SALA L'OVELLA NEGRA
C/ Zamora. 86. Barcelona
programacio@ovellanegra.com
www.ovellanegra.com

SALA LATINO
Les Rambles, 27. Barcelona
934190743
www.teatreprincipalbcn.com

SALA MONASTERIO
Moll de Mestral, 30-31. Barcelona
616287197
salamonasterio@hotmail.com
www.salamonasterio.es

SALA PASTERNAK
Manuel de Pedrolo, 5. Vic
jordi@salapasternak.com
www.salapasternak.com

SALAMANDRA 1
Av. Carrilet, 23. L'Hospitalet de
Llobregat
933370602
salamandra@salamandra.cat
www.salamandra.cat

SALAMANDRA 2
Av. Carrilet, 301. L'Hospitalet de
Llobregat
933370602
salamandra@salamandra.cat
www.salamandra.cat

SARAU08911
Ramón Martí i Alsina, 32.
Badalona

933896095
marcfonolla@gmail.com
www.sarau08911.com

SIDECAR
Plaça Reial, 7. Barcelona
933021586
info@sidecar.es
www.sidecar.es

SLOW BARCELONA
C/ París, 186. Barcelona
933 681 455
frankie@slowbarcelona.es / anto-
nio@slowbarcelona.es
www.slowbarcelona.es / www.
slowfactory.es

STROIKA
Av. Els Dolors, 17. Manresa
902260265
info@stroika.cat
www.stroika.cat

TARANTOS
Pl. Reial, 17. Barcelona
933191789
tarantos@masimas.com
www.masimas.com

TEATRE PRINCIPAL
Les Rambles, 27. Barcelona
934190743
www.teatreprincipalbcn.com

UPLOAD
Av Francesc Ferrer i Guardia, 13,
Poble Espanyol, 08100 Barcelona

932 28 98 08
info@uploadbarcelona.es
http://www.uploadbarcelona.com/

VOILÀ
C/ Cos, 74. Manresa
voila@voila.cat
www.voila.cat

GIRONA

L'ALTERNATIVA
Psg. Marimon Asprer, 11.
La Bisbal d' Emporda
686475237
lalternativa.bisbal@gmail.com
www.facebook.com/lalternativa-
barmusical

LA MIRONA
Amnistía Internacional, s/n. Polí-
gon Industrial Torre Mirona. Salt
972 23 23 75
info@lamirona.cat
http://www.lamirona.cat/

SALA MARISCAL
Carrer de Barcelona, 51, 17258
Torroella de Montgrí- L'Estartit
646 70 67 03
concerts.mariscal@gmail.com

SUNSET JAZZ CLUB
Carrer d'En Jaume Pons Martí, 12,
17004 Girona
872 08 01 45
sunsetgirona@gmail.com
http://www.sunsetjazz-club.com/

LLEIDA

CAFÉ DEL TEATRE
Roca Labrador, 4. Lleida
669811238
tonireves@cafedelteatre.com
www.cafedelteatre.com

SALA MANOLITA
C/ Guillem de Bezeires, s/n. Lleida
info@salamanolita.com
www.salamanolita.com

SLÀVIA
Passeig del Terral, 14. Les Borges
Blanques
973140972
info@slavia.cat
http://www.slavia.cat

TARRAGONA

**CAFÉ RESTAURANT LA
CANTONADA**
Carrer de Fortuny, 23,
43001 Tarragona
877062161 / 665640585

LO SUBMARINO
Camí de l'Aleixar, 87. Tarragona
638727143
produccionssubmarines@gmail.
com
http://www.losubmarino.com/

SALA DUNE
C/ Bisbe Palau, 20. Valls.
Tarragona

635632411 / 625 329 293
contraccions@gmail.com
www.contraccions.0fees.net

SALA TOMAN
Carrer de Granollers, 11,
43204 Reus
977 75 74 70 / 620 882 688
salva.salatoman@gmail.com
http://www.salatoman.com/

SALA ZERO
C/ Sant Magí, 12. Tarragona
877 05 11 26
info@salazero.com
http://www.salazero.com/

EUSKADI

ÁLAVA

CAFÉ DUBLÍN
Errementari Kalea, 2,
01001 Vitoria
https://www.facebook.com/cafe-
dublincafe

HELL DORADO
Venta de la Estrella, 6 - Pabellón
44. 01006 Vitoria
945 230 131
helldorado@helldorado.net
http://www.helldorado.net/

HOR DAGO!
C/ Fray Zacarías Martínez, 2.
01001 Vitoria

696 436 261 / 619 18 13 12
ikergora@gmail.com

JIMMY JAZZ
C/ Coronación, 4. Vitoria
ikergora@gmail.com / jimmyjazz-
gasteiz@jimmyjazzgasteiz.com
http://www.jimmyjazzgasteiz.
com/

KUBIK
c/ General Alava, 5. 01005 Vitoria
ikergora@gmail.com
http://www.kubikvitoria.com/

IGUANA KAFE
Correría 94, 01001 Vitoria
iguana@amorreptil.com
http://www.synchroproiekt.com

GORA TABERNA
Cantón de San Francisco Javier, 1,
01001 Vitoria
goraprojectvitoria@gmail.com
https://www.facebook.com/gora-
projectvitoria

HERRE 74
C/Herrería 74, 01001 Vitoria
945 56 51 11
herreedu@gmail.com
https://www.facebook.com/he-
rresco

GUIPÚZCOA

DABADABA
Mundaiz, 8 Bajo. San Sebastián
943 265 826
holadabadaba@gmail.com
http://www.dabadabass.com/

DOKA
C/ Escolta Real, 20.
20008 San Sebastián
943224601
enekodoka@gmail.com
http://www.donostiakokafeantzo-kia.com/

LE BUKOWSKI
C/ Egía, 18. San Sebastián
info@lebukowski.com
josu.bukowski@gmail.com
http://lebukowski.com

SALA MOGAMBO
Azkuene Kalea, 17,
20017 San Sebastián
943 39 68 73
mogambofb@gmail.com
http://salamogambo.org/

SALA TUNK
Auzolan Kalea, 20, 20303 Irun
salatunk@salatunk.com
http://www.salatunk.com

VIZCAYA

AZKENA
C/ Ibañez de Bilbao, 26
48001 Bilbao
944 340 890

BEIKOZINI
Iparragirre, 10. 48700 Ondarru
946 832 899
kultura@beikozini.com
http://beikozini.com/

BERMEOKO KAFE ANTZOKIA
Aurrekoetxea, 27. 48370 Bermeo
946880216
berkantzoki@gmail.com
http://www.bermeokokafeant-zokia.com/

BILBOKO KAFE ANTZOKIA
C/ San Vicente, 2.
48001 Bilbo-Bilbao
info@kafeantzokia.com
http://www.kafeantzokia.com/

BILBOROCK
Muelle de la Merced 1,
48003 Bilbao
944 15 13 06
bilborock@ayto.bilbao.net
http://www.bilbao.net/bilborock

BILBAINA JAZZ CLUB
Navarra, 1. 48003 Bilbao
639371647
gorka@jazz-on.org
http://www.bilbainajazzclub.org/

COTTON CLUB
Gregorio de la Revilla Zumarka-
lea, 25, 48010 Bilbao
quieroactuaren@cottonclubbil-
bao.es
944 10 49 51
http://www.cottonclubbilbao.es/

EMANKOR SAREA
C/ Fernando Jiménez, 14.
48004 Bilbao
944 730 845
amets@emankorsarea.org
http://www.emankorsarea.org/

**LA HACERIA ARTÉS ESCÉNI-
CAS**
Deustuibarra, 42, 48014 Bilbao
944 759 576
info@haceria.org
http://www.haceria.com/

**MOONROCK KULTUR ELKAR-
TEA**
Lauxeta Olerkari Kalea, 54,
48100, Munguía
946 54 37 05
moonrock_estudio@hotmail.com
http://moonrock-mungia.blogs-
pot.com.es/

ROCK STAR
Gran Vía, 89. 40001 Bilbao
944 459 295
info@salarockstar.com
http://www.salarockstar.com/

SALA MOJO
Las Mercedes 30 (Getxo),
48930 Bilbao
620 22 85 13
mojolasarenas@gmail.com
https://www.facebook.com/mojo-
lasarena

SANTANA 27
Tellería, 27. Bilbao
944 598 617
info@santana27.com
http://www.santana27.com/

STAGE LIVE
C/ Uribitarte, 8. Bilbao
639 760 466
info@maukamusik.com
http://www.grupo-backandstage.
com/

EXTREMADURA

BADAJOZ

AFTASI
Calle Alonso Cespedes nº 9,
06001 Badajoz
infoaftasi@gmail.com
http://salaaftasi.com/

METALARIUM
Av. de Elvas, 06001 Badajoz
648 92 36 84
rubenalmeidar@gmail.com

MERCANTIL
C/ Zurbarán, 10. 06002 Badajoz
924 220 691
email@salamercantil.es
http://www.salamercantil.es/

ST. PATRICK'S
Carolina Coronado 8,
06200 Almendralejo
659 93 73 00
st.patrickalmendralejo@hotmail.
com
https://www.facebook.com/SalaS-
tPatrickalmendralejo

CÁCERES

BARROCO
Plaza Albatros, 10001 Cáceres
638 82 48 49

**BOOGALOO CAFÉ CONCIER-
TO**
Av. de Hernán Cortés, 10,
10004 Cáceres
617 60 44 71
https://www.facebook.com/Boo-
galoocafe2

GRAN TEATRO DE CÁCERES
C/ San Antón s/n. Cáceres
927 010 884
programacion@granteatrocc.com
https://www.granteatrocc.com

**EL CORRAL DE LAS
CIGÜEÑAS**
Calle Cuesta de Aldana, 6,
10003 Cáceres
927 216 425 / 647 758 245
info@elcorralcc.com
http://elcorralcc.com/

GALICIA

A CORUÑA

CAPITOL
Rúa de Concepción Arenal, 5,
15702 Santiago de Compostela
981.574.399
salacapitol@salacapitol.com
http://www.salacapitol.com

BÂBÂ BAR
Calle José Luis Pérez Cepeda, 23,
15004 A Coruña
696915892 / 981018183
http://www.bababar.es/

BORRIQUITA DE BELÉM
San Paio de Antealtares, 22,
15704 Santiago de Compostela
653 47 15 51
borriquitadebelem@gmail.com
http://borriquitadebelem.blogs-
pot.com.es/

CASA DAS CRECHAS
Vía Sacra, 3, 15704 Santiago de
Compostela
667 70 62 40
info@casadascrechas.com
http://www.casadascrechas.gal

EL PANTALÁN
Dársena deportiva Faro de Oza
s/n, 15006 A Coruña
981 90 20 38
https://www.facebook.com/pantalan/

GARUFA CLUB
Rúa Comandante Barja, 5, 15004
A Coruña
981 14 17 02
C/ Riazor, 5. 15004. A Coruña
https://www.facebook.com/garufaclub.coruna

JAZZ FILLOA
Rúa Orzán, 31, 15003 A Coruña
638 75 25 40
jazzfilloa@jazzfilloa.com
http://www.jazzfilloa.com/

LECLUB DIRECTO
C/ Rey abdullah nº 13,
15004. A Coruña
salaleclub@yahoo.es
https://www.facebook.com/salaleclub

MARDI GRAS
Travesía Torre, 8, 15002 A Coruña
info@salamardigras.com
http://www.salamardigras.com/

PLAYA CLUB
Andén de Riazor, S/n,
15011. A Coruña
981 27 75 14
info@playaclub.club
http://playaclub.club/

SALA O TUNEL
Avda. Francisco Pérez Carballo 2.
15008 A Coruña
981 134 534 / 981 134 450
coliseum@coruna.es
http://www.coruna.es/

SALA DUBLÍN CARBALLO
Rúa Fomento, 25, 15100 Carballo
981 97 12 80

SALA SUPER 8
Rúa Real, 223, 15401 Ferrol
605 80 51 01
info@salasuper8.com
http://www.salasuper8.com/

LUGO

CLUB CLAVICÉMBALO
Rúa dos Paxariños, 23,
27002 Lugo
982 24 32 70 / 609 983 869
club@clavicembalo.com
http://www.clavicembalo.com

OURENSE

CAFÉ & POP TORGAL
Calle de Celso Emilio Ferreiro, 20,
32004 Ourense
988 24 75 43
info@cafepoptorgal.com
http://www.cafepoptorgal.com/

CAFE CULTURAL AURIENSE
Praza do Correxedor 11,
32005 Ourense
988 22 25 36
auriense@gmail.com
http://cafeauriense.eu/

BARANDA
C/ Pescadores, 7, 32300 O Barco
988 68 43 90
programacion@baranda.es
http://baranda.es/

BERLIN OURENSE
Rúa Pena Corneira, 5,
32005 Ourense
677 45 91 38
salaberlin@berlin.com
http://www.facebook.com/Sala-
BerlinOurense

SALA URBE
Rúa de Ramón Cabanillas, 16,
32004 Ourense
988 22 66 04
salaurbeourense@gmail.com
https://www.facebook.com/sa-
laurbe

PONTEVEDRA

ATURUXO BAR
Pazos Fontenla, 59, 36930 Bueu
986 32 25 69
info@aturuxo.net
http://www.aturuxo.net

EL CLANDESTINO
Playa de Canelas,
36970 Portonovo
986 69 16 93
somoselclandestino@gmail.com
https://www.facebook.com/elclan-
destinooo

EL ENSANCHE
Rúa Santiago, 1, 36201 Vigo,
Pontevedra
605 09 91 15
info@ensanche-vigo.com
http://ensanche-vigo.com/

LA FABRICA DE CHOCOLATE
Calle de Rogelio Abalde 22,
36201, Vigo
986 135 884 / 625 451 871
alvaro@esmerarte.com
http://fabricadechocolateclub.
com/

LA IGUANA CLUB
Calle Churruca, 14, 36201 Vigo,
Pontevedra
info@laiguanaclub.com
http://www.laiguanaclub.com/

LA POSADA INDIANA
Rúa Laranxo, 25,
36002 Pontevedra
655 85 47 47 / 986 16 37 56
https://www.facebook.com/LosDi-rectosDeLaPosada/

MASTER CLUB
Rúa Urzaiz, 1, 36201 Vigo,
Pontevedra
629 31 33 45
http://masterclubvigo.com/

NAÚTICO
Playa de la Barrosa, s/n,
36988 San Vicente do Mar
986 73 82 20 / 678 403 247
contacto@elnautico.org
http://www.elnautico.org/

SALA KARMA
Rúa Marqués de Riestra, 34,
36001 Pontevedra
http://www.salakarma.com

SALA RADAR ESTUDIOS
Rúa Iglesias Esponda, 30,
36201 Vigo

SALASON CANGAS
Calle Lirio, 30, 36940 Cangas
986 30 71 32
http://salason.blogspot.com.es/

ROUGE
Rúa de Pontevedra, 4, 36201 Vigo
contacto@rougesoundclub.com
http://www.rougesoundclub.com/

TABERNA MARRUCHO
Barrio Percibilleira, 58,
36300 Baiona
marruchoenconcerto@gmail.com
https://www.facebook.com/mar-ruchobaiona

ISLAS BALEARES

AKELARRE JAZZ DANCE CLUB
Carre Moll de Ponent, 41, 42, 43,
07701 Maó
971 36 85 20
info@akelarrejazz.es
http://akelarrelivemusic.es/

ES GREMI
Pol. Son Castelló, Carrer Gremi de
Porgadors, 16, 07009 Palma
971 91 10 04
http://www.esgremi.com/

ESPAI XOCOLAT
Carrer de Font i Monteros, 18,
07003 Palma
971 71 33 16
http://www.xocolat.com/

SHAMROCK PALMA MALLORCA
Av de Gabriel Roca, 3,
07014 Palma de Mallorca
971 73 59 62
shamrockpalma@gmail.com
http://shamrockfunplace.com/

TUNNEL ROCK CLUB
Plaça Gomila, 2, 07014 Palma
971 45 66 52
tunnelrockclub@gmail.com
https://www.facebook.com/tunnelrockclub

TRAMPA TEATRE
Carrer de Caro, 19, 07013 Palma
info@trampateatre.com
www.salatrampa.com

ISLAS CANARIAS

BÚHO CLUB
Calle Catedral, 3, 38205. San Cristóbal de La Laguna
686 47 93 88
https://www.facebook.com/buholalaguna

MOJO CLUB
Ctra. del Rincón, s/n, 35010 Las Palmas de Gran Canaria
mojoclubcanarias@gmail.com
https://www.facebook.com/mojoclubcanarias

SALA TIMANFAYA
Calle Las Damas 1, Puerto de la Cruz
922 37 61 06

THE PAPER CLUB
Calle Remedios, 10, 35002 Las Palmas de Gran Canaria
thepaperclubcanarias@gmail.com
https://www.facebook.com/thepaperclubcanarias

MADRID

BARCO
C/ Barco 34. 28004. Madrid
915 317 754
http://www.barcobar.com

BARRACUDAS
C/ Brescia 19 28028. Madrid
693 75 70 61
mail.barracudas@gmail.com
http://www.barracudasrockbar.com

BERLÍN CAFÉ
C/ Costanilla de los Ángeles, 20. Madrid
915 215 752
infocafeberlin@gmail.com
http://www.berlincafe.es

BOGUI JAZZ
C/ Barquillo 29. 28004. Madrid
915 211 568
http://www.bogui.es

BOITE
C/ Tetuan 27. 28013. Madrid
659 687 349
santi@boitelive.es
http://boitelive.es

BÚHO REAL
C/ Regueros 5. 28004. Madrid
913 191 088
contratacion@buhoreal.org
http://www.buhoreal.org

CADILLAC SOLITARIO
Fermín Caballero, 6,
28034 Fuencarral. Madrid
609 45 45 56
info@cadillacsolitario.com
http://cadillacsolitario.com/

CAFÉ CENTRAL
Plaza del Angel, 10,
28012 Madrid
913 69 41 43
info@cafecentralmadrid.com
http://www.cafecentralmadrid.com/

CAFÉ JAZZ POPULART
C/ Huertas 22. 28014. Madrid
914 298 407
info@cafepopulart.com
http://www.populart.es

CAFÉ LA PALMA
C/ La Palma 62, 28015. Madrid
915 225 031
http://www.cafelapalma.com

CARACOL
C/ Bernardino Obregón 18.
28012. Madrid
915 273 594
salacaracol@salacaracol.com
http://www.salacaracol.com

CARDAMOMO
C/ Echegaray 15. 28014. Madrid
691 022 117
contacto@cardamomo.es
http://www.cardamomo.es

CASA PATAS
C/ Cañizares 10. 28012. Madrid
913 690 496
info@casapatas.com
http://www.casapatas.com

CATS
Calle Julián Romea, 4,
28003 Madrid
915 35 22 27 / 695583552
franguntin@catsmadrid.com
http://www.discotecacats.com/

CLAMORES
C/ Alburquerque, 14.
28010. Madrid
91.445.54.80 / 646.73.75.73
info@salaclamores.es
http://www.salaclamores.com

CONTRACLUB
C/ Bailén 16. 28005. Madrid
913 652 441
info@contraclub.es
http://www.contraclub.es

COPÉRNICO
C/ Fernández de los Ríos, 67.
Madrid
690324171
http://www.salacopernico.es

CORRAL DE LA MORERÍA
Calle de la Moreria, 17,
28005 Madrid
913 65 11 37
www.corraldelamoreria.com/

COSTELLO CLUB
C/ Caballero de Gracia 10,
28013. Madrid
915 221 814
costello@costelloclub.com
http://www.costelloclub.com

DERRY IRISH TAVERN
Av. Rey Juan Carlos I, 35,
28915 Leganés
669 38 40 94
sala_derryirishtavern@hotmail.
com
https://www.facebook.com/de-
rryirishtavern

EL DESPERTAR
C/ Torrecilla del Leal 18. 28012.
Madrid
915 308 095
http://www.cafeeldespertar.com

EL INTRUSO
C/ Augusto Figueroa 3. Madrid
info@intrusobar.com
http://www.intrusobar.com

EL JUNCO
C/ Plaza de Santa Bárbara, 10.
28004. Madrid
913 192 081
info@eljunco.com
http://www.eljunco.com

EL PLAZA JAZZ CLUB
Martin de los Heros, 3,
28008 Madrid
915 48 84 88
http://www.elplazajazzclub.es/

EL SOL
C/ Jardines, 3. 28013. Madrid
915 326 490
http://www.elsolmad.com

GALILEO GALILEI
C/ Galileo 100. 28015. Madrid
915 347 557
http://www.salagalileogalilei.com/

GARIBALDI
San Felipe Neri 4, 28013 Madrid
916 66 66 66
info@salagaribaldi.com
https://www.facebook.com/sala.
garibaldi

GRUTA 77
C/ Cuclillo, 6 28019. Madrid
914 712 370
oficina@gruta77.com
http://www.gruta77.com

HADDOK
C/ Japon, 1, 28923 Alcorcón
677 53 00 40
eltoretedj@hotmail.com

HEBE VALLEKAS
Calle Tomás García, 5-7,
28053 Madrid, 620 01 78 10
hebevk@gmail.com
http://www.hebe-vk.com

HONKY TONK
Calle Covarrubias, 24,
28010 Madrid
914 45 61 91
honky@clubhonky.com
http://clubhonky.com/

JIMMY JAZZ
C/ Payaso Fofó 24. Madrid
91 477 76 45
http://jimmyjazzvallekas.blogs-
pot.com.es

JOY ESLAVA
Calle del Arenal, 11,
28013 Madrid
913 66 54 39
info@joy-eslava.com
http://joy-eslava.com/

JUGLAR
Calle de Lavapiés 37,
28012 Madrid
915 28 43 81
info@salajuglar.com
http://www.salajuglar.com/

LA BUENA VENTURA
Calle De Escalona, 69,
28024 Madrid
695 19 43 22
conciertos.lbv@labuenaventura.es
http://labuenaventura.es/

LA COCINA ROCK BAR
Alberto Alcocer 48, 28016 Madrid
636 788 551
info@lacocinarockbar.com
https://www.facebook.com/lacoci-
narockbar

LA FÍDULA
Calle de Las Huertas, 57,
28014 Madrid
910 18 61 70
losnietosdeltano@gmail.com
https://www.facebook.com/lafidu-
la.espectaculos/

LA LEYENDA ROCK BAR
Calle San Bernardino, 8.
28015 Madrid
619 93 30 42
informacion@laleyenda.net
https://www.facebook.com/lale-
yenda.rockbar/

LA MALA LIVE MUSIC
C/ Seseña 9, Madrid
650 66 62 59

LA RIVIERA
Paseo Bajo de la Virgen del Puerto,
s/n 28005 Madrid
91 365 24 15
http://www.salariviera.com/

LA SALA LIVE
C/ Avd. Nuestra Señora de Fatima
42. Madrid
91 525 54 44
conciertos@lasala.biz
http://www.lasala.biz

**TABLAO FLAMENCO
LAS TABLAS**
Plaza de España, 9. 28008 Madrid
915 420 520
info@lastablasmadrid.com
http://www.lastablasmadrid.com/

LEMON
Av Brasil, 5, 28020 Madrid
info@conciertoslemon.com
http://www.salalemon.com/

LA NUEVA DÉCADA
Santa Hortensia, 14,
28002 Madrid
636 71 43 63
lanuevadecada@hotmail.com
http://www.lanuevadecada.com/

LIBERTAD 8
C/ de la Libertad, nº 8. Madrid
91 532 11 50
libertad@libertad8cafe.es
http://www.libertad8cafe.es

MARULA CAFÉ
C/ Caños Viejos, 3,
28005. Madrid
913 661 596
info@marulacafe.com
http://www.marulacafe.com

MOE
C/ Alberto Alcocer 32. Madrid
http://www.moeclub.com

MOBY DICK
C/ Avenida del Brasil 5. Madrid
91 555 76 71
mar.rojo@grupomoby.com
http://www.mobydickclub.com

PENÉLOPE
Calle Hilarión Eslava, 36,
28015 Madrid

911 73 58 12
info@salapenelope.com
http://salapenelope.com/

REY LOUIE
Avenida de España, 51.
Majadahonda
672 006 122
programador@reylouie.com
http://reylouie.com/

RINCÓN DEL ARTE NUEVO
C/ Segovia 17. Madrid
91 365 50 45
http://www.elrincondelartenuevo.
com

ROCK PALACE
C/ Vara del Rey 6. Madrid
91 467 06 23
http://www.facebook.com/RockPalaceMadrid

SALA RECICLAJE
C/ Carlos Martínez, 8,
28440 Guadarrama
salareciclaje@gmail.com
http://www.salareciclaje.com

SALA SILIKONA
Plaza del Encuentro, 1,
28030 Madrid
650 82 93 22
info@salasilikona.es
https://www.facebook.com/salasilikona

SENSORAMA JAZZ CAFÉ
Calle Moscú, 1 Esquina Manuel
Azaña 28822, Coslada
krastyrock@hotmail.es
669 42 14 84
http://www.salasensorama.es/

SIROCO
C/ San Dimas 3. Madrid
91 593 31 73
programacion@siroco.es
http://www.siroco.es

STARVING
Fermin caballero 69,
28029 Madrid
starvingconcierto@gmail.com

TABOO
C/ San Vicente Ferrer 23. Madrid
91 524 11 89
info@taboo-madrid.com
http://www.taboo-madrid.com

TEATRO ARAMBANA
Calle de Dolores Armengot, 31,
28025 Madrid
914 61 83 34
info@tarambana.net
http://www.salatarambana.es

TEMPO CLUB
C/ Duque de Osuna 8. Madrid
91 547 75 18
info@tempoclub.es
http://www.tempoclub.net

THE IRISH ROVER
Avda. de Brasil, 7. Madrid
915 974 811 / 637 564 168
jacobo@grupomoby.com
http://www.theirishrover.com/

THUNDERCAT
C/ Campoamor, 11. Madrid
654 511 457
info@thundercatclub.com
http://www.thundercatclub.com

TUK
Calle Hermosilla, 101,
28006 Madrid
636 45 13 88
salatuk101@gmail.com
http://www.salafax.com/

WURLITZER BALLROOM
C/ Tres Cruces 12. Madrid
91 522 26 77
info@wurlitzerballroom.com
http://www.wurlitzerballroom.
com

MURCIA

12 Y MEDIO
Av. Ciclista Mariano Rojas, 12,
30009 Murcia
676 02 68 19
club12ymedio@gmail.com
www.12ymedio.com

ATOMIC BAR
Calle Simón García, s/n,
30003 Murcia
atomicbar3.0@gmail.com
https://www.facebook.com/atom-
ic.live.cafe

CAFÉ DEL ALBA
C/ San Anton, 1. Murcia
629 82 77 23
http://cafedealba.es

EL TEMPLO DEL PERRO
Calle Valle Inclán, 30620 Fortuna,
Murcia
615 66 17 08
https://www.facebook.com/eltem-
plo.delperro

GARAJE BEAT CLUB
Avenida Miguel de Cervantes 45,
Murcia
679 954 365
info@garajebeatclub.com
http://www.garajebeatclub.es/

JAZZAZZA
Calle Ramón y Cajal, 4,
30157 Algezares, Murcia
968 842300
jazzazza@jazzazza.com
www.jazzazza.com

LA PUERTA FALSA
Calle de San Martín de Porres, 5,
30001 Murcia
617 488 576
info@lapuertafalsa.com
http://lapuertafalsa.com/

LA YESERÍA
Calle Santa Quiteria, 24,
30003 Murcia
868 91 14 40
https://www.facebook.com/laye-
seria

MISTER WITT CAFÉ
Calle San Roque, s/n,
30201 Cartagena, Murcia
673 65 05 52
misterwitt@outlook.es

REVOLVER
C/ Victorio, 36, 30003 Murcia
868 12 49 17
salarevolver@gmail.com
https://www.facebook.com/Sala-
Revolver.Murcia

SALA B
Avda. Ciclista Mariano Rojas, 20,
30008 Murcia
628 18 49 96
josegarrido@salabpub.com
http://www.salabpub.com

SALA BMOL
Calle Jamaica, 8,
30500 Molina de Segura
968 38 67 90
salabmol@hotmail.es

SALA GAMMA
Ctra. de Monteagudo, Cruce de
Casillas. Murcia
968 24 69 87
salagamma@salagamma.com
www.salagamma.com

THE CORNER MUSIC TAVERN
Avda. del Mojón, 31, 30740
San Pedro del Pinatatar, Murcia
689 04 91 52
thecornermusic@hotmail.es
http://www.thecornermusic.net/

ZENTRAL PAMPLONA
c/ Mercado, s/n. 31001 Pamplona
848 47 88 00
info@zentralpamplona.com
http://www.zentralpamplona.
com/

NAVARRA

BIG STAR
Pol. Ind. Landazabal. c/ 2, num. 9
36080 Atarrabia-Villava
info@salatotem.com
http://www.salatotem.com/sala-bigstar.aspx

CENTRO CULTURAL IORTIA KULTUR GUNEA
Trav. del Fronton s/n. Altsasu
948 564 272
iortia@altsasu.net
http://www.iortiakultura.com/

NOBOO
Canal Imperial de Aragón, 275 - Polígono La Barrena, s/n. 31500 Tudela
info@noboomusic.com
948 403 327
http://www.noboomusic.com/

TOTEM
Polígono Landazabal, c/z - Nave 9.
31610 Atarrabia-Villava
948 135 919
info@salatotem.com
http://www.salatotem.com/

VALENCIA

ALICANTE

BABEL
Calle del Comercio, 10,
03008 Alicante
629 35 24 87
salababelalicante@gmail.com
http://www.salababel.com/

CENTRO CULTURAL LAS CI-GARRERAS
Calle San Carlos, 78,
03013 Alacant, Alicante
965 20 66 74
http://www.alicante.es/

CLUB CAMELOT
Av. Vicente Blasco Ibañez,
03130 Santa Pola, Alicante
617 77 76 65
jose_franciscosanchez@hotmail.es
https://www.facebook.com/Club-Camelot/

EUTERPE
Carrer Dr. Ivorra, 34,
03550 Sant Joan d'Alacant

635 83 21 68
euterpeenvivo@gmail.com
https://www.facebook.com/euter-
pesantjoan/

JOHN MULLIGHAN'S
Calle Tomás López Torregrosa, 1,
Alicante
965 21 33 33

MAREAROCK
C/ Muelle del Levante, 6. Alicante
965 50 86 08
info@marearock.com
http://www.salamarearock.com

ROCKERS CLUB
Avenida Villajoyosa, 6,
03016 Alacant, Alicante
647 88 29 89
rockersnight@groovelives.com
http://rockersclub.es/

SALA CLAN CABARET
Calle del Capitán Segarra, 16,
03004. Alicante

SALA STEREO
Carrer Pintor Velazquez, 5
Alicante
conciertos@salastereo.com
http://www.salastereo.com/

THE ONE
Calle del Bronce, 8, 03690
Sant Vicent del Raspeig, Alicante
966 23 21 10
https://www.facebook.com/theo-
nesanvicente

CASTELLÓN

GOSSIP
Avenida Grecia, 23,
12540 Villarreal
650 55 30 38
albertogil.gossip@gmail.com

JAPAN ROCK CLUB
Carrer Miralcamp, 51,
12540 Vila-real, Castelló
626 24 98 69
japanrockclub@gmail.com
http://www.japanrockclub.com

LA CONSULTA DEL DOCTOR
Calle de Enrique Gimeno, 112,
Nave 9, 12006, Castelló
625 68 06 19
http://www.laconsultadeldoctor.
com/

LA BURBUJA
Calle Font de Ensegures, 39,
12005 Castellón de la Plana
669 225 458 / 666 444 961
laburbuja39@gmail.com
http://www.laburbujaonline.com

OPAL
Muelle Serrano Lloberes, s/n,
12100 Grao Castellón
964 25 41 47
info@opalevents.es
http://www.opalevents.es/

VENENO STEREO
Carrer de l'Alcalde Tàrrega, 29,
12004 Castelló de la Plana

630 16 95 25
venenostereo@hotmail.com

ZEPPELIN ROCK LIVE
Avda Benicasim. Polígono Castalia
Nave 25, 12004 Castellón
670 28 30 38
dayza2003@hotmail.com

VALENCIA

16 TONELADAS
Carrer de Ricardo Micó, 3,
46009 València, Valencia
963 49 45 84
info@16toneladas.com
http://www.16toneladas.com

ÁGORA LIVE
Ctra. Aldaia-Xirivella, 35,
46960 Aldaia, Valencia
659 25 05 11
agorafobia@hotmail.es
https://www.facebook.com/agora-live

BLACK NOTE CLUB
Carrer de Polo y Peyrolón, 15,
46021 València, Valencia
619 39 46 65
info@blacknoteclub.com
http://www.blacknoteclub.com/

CAFÉ DEL DUENDE
Carrer del Túria, 62,
46008 València, Valencia
630 45 52 89
http://cafedelduende.com/

CAFÉ MERCEDES JAZZ
Carrer de Sueca, 27,
46006. Valencia
673 740 604
info@cafemercedes.es
http://www.cafemercedes.es/

DELUXE
Calle del Poeta Mas I Ros, 42,
46022 València, Valencia
deluxepopclub@gmail.com
https://www.facebook.com/deluxepopclub/

EL ASESINO
Plaça del Cedre, 1,
46022 València, Valencia
www.elasesino.com

ELECTROPURA
C/ Pintor Salvador Abril 20,
46005 Valencia
667 54 77 36
electropura@electropura.es
http://electropura.es/

FUSSION
Calle Polideportivo 23,
46470 Masanasa
609 60 80 08 / 722 197 081
fran@salafussion.com
http://www.salafussion.com

HOT ROD CAFÉ
Calle Afiladors, 46410 Sueca.
Valencia
625 89 11 90
cafehotrod@gmail.com

JERUSALEM CLUB
C/Convento Jerusalén 55,
46007 Valencia
678 75 36 67 / 674 37 85 32
contacto@salamandraonline.com

JIMMY GLASS JAZZ BAR
Carrer de Baix, 28,
46003. Valencia
656 89 01 43
jimmyglass@jimmyglassjazz.net
http://www.jimmyglassjazz.net/

KARAOKE LALA
C/ Mariano Ribera, 33,
46018. Valencia
963 38 12 02
salalala@hotmail.es
http://www.salalala.es/

LA 3 CLUB
Carrer del Pare Porta, 3,
46024 Valencia
963 35 53 19 / 637 24 00 91
info@groovelives.com
http://la3club.es/

LA EDAD DE ORO
Carrer de Sant Jacint, 3,
46008 Valencia
649 25 50 48
https://www.facebook.com/laeda-
deoro

LA RAMBLETA
Carrer de Pius IX, s/n,
46017 Valencia
960 011 511

gponthiere@larambleta.com
http://www.larambleta.com/

LOCO CLUB
Carrer de l'Erudit Orellana, 12,
46008, Valencia
963 51 85 21
info@lococlub.org
http://www.lococlub.org

MAGAZINE CLUB
C/ Perez Escrich, 19,
46008 Valencia
615 82 26 99

MATISSE
Calle de Ramón Campoamor, 60,
46022 València, Valencia
963 55 54 44
info@salamatisse.es
http://www.salamatisse.es/

ROCK CITY
C/ Els Coheters, 6,
46132 Almàssera, Valencia
961 85 69 66
info@rockcity.es
http://www.rockcity.es/

PABERSEMATAO CLUB
Carrer Castello 7, 46910 Sedaví
653513004
pabersemat@orange.es
www.pabersematao.com

REPVBLICCA
Pol. Industrial Mislata, Carrer Baix
Vinalopó, 2,
46920 Mislata, Valencia

658 42 26 25
info@republicca.com
http://www.republicca.com/

WAH WAH CLUB
Calle de Ramón Campoamor, 52,
46022 València
963 56 39 42
programacion@wahwahclub.es
http://www.wahwahclub.es

PROMOTORAS

33 PRODUCCIONES - MADRID
91 500 18 83
info@33spot.es
www.33spot.es

ADVANCED MUSIC - BARCELONA
93 320 81 63
ventura@sonar.es
www.sonar.es

ÁRTICA - MADRID
91 531 91 30
info@articapro.com
www.articapro.com

BIG STAR MUSIC - ZARAGOZA
976 664 978
jose@bigstarmusic.es
jorge@bigstarmusic.es
www.bigstarmusic.es

CAP-CAP PRODUCCIONS - BARCELONA
93 272 22 55
xavi@cap-cap.com
www.cap-cap.com

CÁVEA PRODUCCIONES - OLEIROS (A CORUÑA)
981 22 06 00
cavea@caveaproducciones.com
http://caveaproducciones.com/

CONCERT TOUR - SANLÚCAR DE BARRAMEDA (CÁDIZ)
956 362 512 / 956 360 988
pilar@grupoconcerttour.com
http://www.grupoconcerttour.com/

CONCERT STUDIO - BARCELONA
933 632 510
booking@concertstudio.com
http://concertstudio.com/

CRÜILLA BARCELONA - BARCELONA
937 98 36 32
direccio@cruillabarcelona.com
www.cruillabarcelona.com

DALALATA - MURCIA
96 890 00 68
javiertomas@darlalata.net

DOCTOR MUSIC - BARCELONA
93 268 28 28
doctormusic@doctormusic.com
www.doctormusic.com

**EL PLANETA SONORO -
ARANDA DE DUERO
(BURGOS)**
94 750 36 38
juancarlos@planetasonoro.es
www.planetasonoro.es

**ENCORE MUSIC TOURS -
BARCELONA**
93 217 40 28
booking@encoremusictours.com
www.encoremusictours.com

ESMERARTE - PONTEVEDRA
98 613 58 84
kin@esmerarte.com
www.esmerarte.com

**ESPECTÁCULOS MUNDO -
MÁLAGA**
95 232 81 00
info@grupomundo.es
www.grupomundo.es

**EVENTOS MPH DIRECTO -
ZARAGOZA**
97 679 19 06
info@eventosmph.com
www.eventosmph.com

FIX MUSIC - MADRID
91 444 81 10
pascual.egea@fixmusic.es
www.fixmusic.es

**FOREVER PROJECT MUSIC -
MADRID**
91 684 55 53
fdgracia@foreverproject.es

GET IN - SAN SEBASTIÁN
94 331 69 11
getin@getin.es
www.getin.es

**GTS UNIVERSAL MUSIC
SPAIN - MADRID**
91 744 55 00
narcis.rebollo@umusic.com
www.umusic.com

HOLY CUERVO - MADRID
paco@holycuervo.com
www.holycuervo.com

**IBOLELE PRODUCCIONES -
MURCIA**
96 827 06 40
carlos@iboleleproducciones.com
www.iboleleproducciones.com

IN&OUT - PAMPLONA
9148203750
jzmarbide@inoutnavarra.com
www.inoutnavarra.com

I WANNA - FERROL
629 843 499
pepe@iwanna.org
www.iwanna.org

**JET ENTERTAINMENT -
BARCELONA**
93 467 27 70
ferran@jetmanagement.es
www.jetmanagement.es

LA ROCK - LAS MATAS (MADRID)
91 630 20 67
marcos@larock.com.es
www.larock.com.es

LAST TOUR - BASAURI (VIZCAYA)
94 415 45 51
info@lasttour.net
www.ltinews.net

LEGAL MUSIC - MADRID
91 521 51 60
info@legalmusic.es
www.legalmusic.es

LIVE NATION - BARCELONA
93 459 23 62
promo@livenation.es
www.livenation.es

MADNESS LIVE - ALHAMA DE MURCIA (MURCIA)
635 316 430
info@madnesslive.es
www.madnesslive.es

MENOSQUECERO - BARCELONA
93 250 86 11
jorge@menosquecero.es
www.menosquecero.es

MERCURY WHEELS - MADRID
91 547 67 62
info@mercurywheels.com
www.mercurywheels.com

MILES AWAY - BARCELONA
93 320 82 00
daniel.faidella@milesaway.es
www.milesaway.es

NERVIÓN FLYN - BILBAO
94 410 09 09
david@flyn.es
www.flyn.es

MUSISERV - GRANADA
95 825 16 90
musiserv@musiserv.com
www.musiserv.com

PLANET EVENTS - MADRID
91 781 79 83
jcambronero@planetevents.es
planet@planetevents.es
www.planetevents.es

POSTONOVE - BARCELONA
93 141 53 62
alfonos@postonove.com
www.postonove.com

PRODUCCIONES ANIMADAS - BARCELONA
93 310 00 62
albert@animadas.com
www.animadas.com

PRODUCCIONES BALTIMORE - ALICANTE
contratacion@lowfestival.es
www.lowfestival.es

PRODUCCIONES MUSICALES IREGUA - LOGROÑO
94 122 00 44
virginia@produccionessiregua.es
www.produccionesiregua.es

PRIMAVERA SOUND - BARCELONA
93 301 00 90
info@primaverasound.com
www.primaverasound.com

REACCIÓN ROCK - PATERNA (VALENCIA)
juancarlos@vina-rock.com
www.vina-rock.com

RIFF PRODUCCIONES - CÓRDOBA
95 749 75 01
info@riffmusic.org
www.riffmusic.org

RLM - MADRID
91 721 721 64 40
rlm@rlm.es
www.rlm.es

SF MUSIC - VALENCIA
96 328 77 08
direccion@sfmusic.es
www.sfmusic.es

STAGE PLANET - MADRID
91 307 18 39
info@stageplanet.net
www.stageplanet.net

SUFRIENDO & GOZANDO - LORCA (MURCIA)
info@sufriendoygozando.com
www.sufriendoygozando.com

SUMMUM MUSIC - GUADARRAMA (MADRID)
91 855 41 62
carlos@summummusic.com
www.summummusic.com

SWEET NOCTURNA - VIGO
98 611 36 61
tibe@sweetnocturna.com
www.sweetncturna.com

THE PROJECT - BARCELONA
93 481 70 40
theproject@theproject.es
www.theproject.es

TRATOS - VALENCIA
96 339 36 50
vicente@tratos.com
www.tratos.com

FESTIVALES

ANDALUCÍA

AL RUMBO - CHIPIONA (CÁDIZ)
http://alrumbofestival.com/
Organiza: Etni Rocker Producciones

ANFI-ROCK SOUND - ISLA CRISTINA (HUELVA)
anfirockislacristina@gmail.com
http://www.anfirock.com
Organiza: Costaluzfest

BLUES CAZORLA - CAZORLA (JAÉN)
info@bluescazorla.com
http://www.cazorla.es/
Riff Producciones

DREAMBEACH VILLARICOS - ALMERÍA
http://www.dreambeach.es/

ETNOSUR - ALCALÁ LA REAL (JAÉN)
info@etnosur.com
http://www.etnosur.com/
Organiza: Ayuntamiento Alcalá la Real

FERIA INTERNACIONAL DE LOS PUEBLOS - FUENGIROLA (MÁLAGA)
952 467 457
eventos@fuengirola.org
http://www.fipfuengirola.com/
Organiza: Ayuntamiento de Fuengirola

FESTIVAL DE LA GUITARRA DE CÓRDOBA
957 48 02 37
david@valcomunicacion.com
http://www.guitarracordoba.org/
Organiza: Instituto Municipal de Artes Escénicas de Córdoba

FUENGIROLA POP WEEKEND - FUENGIROLA (MÁLAGA)
http://www.fuengirolapop.com/

GRANADA SOUND - GRANADA
info@granadasound.com
http://www.granadasound.com/
Organiza: Alhambra Sound

IMÁGINA FUNK - SIERRA MÁGINA (JAÉN)
cesarmerino@imaginafunk.com / jrcanovaca@ono.com
http://www.imaginafunk.com/
Organiza: Ayuntamiento de Torres / Canovaca Gestión Cultural

MÍAQUÉ - PORCUNA (JAÉN)
info@miaque.com
http://www.miaque.com/
Organiza: Asociación Juvenil Mía-Qué

MONKEY WEEK - SEVILLA
856 152 236
profesionales@monkeyweek.org
http://monkeyweek.org/
Organiza: La Mota Ediciones Soc. Coop. And.
& Mono Monete A. C.

NO SIN MÚSICA - CÁDIZ
956 07 90 04
info@nosinmusicafestival.es
http://www.nosinmusicafestival.es/
Organiza: NSMFest

OJEANDO - OJÉN (MÁLAGA)
952 88 10 03
http://ojeando-festival.es/
Organiza: Ayuntamiento de Ojén

PULPOP - ROQUETAS DE MAR (ALMERÍA)
950338593
info@pulpop.es
http://www.pulpop.es/
Organiza: Ayuntamiento de Roquetas de Mar

RITMO FESTIVAL - GRANADA
produccion@ritmofestival.com
https://www.facebook.com/Ritmofestival

SOUTH POP ISLA CRISTINA - ISLA CRISTINA (HUELVA)
95 5087656
promo@greenufos.com
http://www.southpopfestival.com/
Organiza: Green Ufos

TERRITORIOS SEVILLA
medios@territoriossevilla.com
http://territoriossevilla.com/

THE JUERGA'S ROCK - ADRA (ALMERÍA)
info@alacargaproducciones.com
http://thejuergasrockfestival.com/
Organiza: A la Carga Producciones

VÉRTIGO ESTIVAL - MARTOS (JAÉN)
acvertigo@gmail.com
http://www.acvertigo.es/
Organiza: Asociación Vértigo

WEEKEND BEACH - TORRE DEL MAR (MÁLAGA)
http://weekendbeach.es/
Organiza: Grupo Hermanos Toro / Ayuntamiento de Vélez-Málaga

ARAGÓN

FIZ - ZARAGOZA
info@fizfestival.com
http://www.fizfestival.com/
Organiza: Eventos MPH / Producciones Animadas / Genco Music Company

PIRINEOS SUR - VALLE DE TENA (HUESCA)
http://www.pirineos-sur.es/
Organiza: Diputación Provincial de Huesca

POLIFONIK SOUND - BARBASTRO (HUESCA)
info@polifoniksound.com
http://www.polifoniksound.com/
Organiza: Polifonik Sound / Qvore K

ASTURIAS

AQUASELLA - CANGAS DE ONÍS (ASTURIAS)
http://www.aquasella.com/
Organiza: La Real Producciones

FAAN FEST - OVIEDO
social@faanfest.com
https://www.facebook.com/faan-fest

OBA FESTIVAL - CANGAS DE ONÍS
info@obafestival.com
http://www.obafestival.com

CANTABRIA

ROCK EN LA FERIA - TORRE-LAVEGA (CANTABRIA)
http://www.rockenlaferia.com
Organiza: Mouro Producciones / MG Producciones

SANTANDER MUSIC - SANTANDER
info@santandermusic.es
http://www.santandermusic.es/
Organiza: Mouro Producciones

CASTILLA LA MANCHA

ALTERNA - EL BONILLO (ALBACETE)
http://alternafestival.es/
Organiza: Berrintxe Producciones / Rolling Circus / Ayuntamiento de El Bonillo

FESTIVAL DE LOS SENTIDOS - LA RODA (ALBACETE)
festivaldelossentidos@gmail.com
http://www.festivalsentidos.com/
Organiza: Ayuntamiento de La Roda / Circa

CASTILLA LEÓN

EBROVISIÓN - MIRANDA DE EBRO (BURGOS)
620 286 957
holaebrovision.com
http://ebrovision.com/
Organiza: Asociación Amigos de Rafael Izquierdo

GIGANTE - GUADALAJARA
info@festivalgigante.com
http://www.festivalgigante.com/
Organiza: Ayuntamiento de Guadalajara / Malvhadas

HUERCASA COUNTRY - RIAZA (SEGOVIA)
info@huercasacountryfestival.es

http://huercasacountryfestival.es
Organiza: Huercasa

KE KAÑA - GUADALAJARA
657 30 00 56
kekanasuper8@gmail.com
https://www.facebook.com/ke-kanna
Organiza: Asociación Cultural Super 8

PALENCIA SONORA - PALENCIA
contacto@universonoro.com
http://www.palenciasonora.com/
Organiza: Universonoro

SHIKILLO FESTIVAL - CANDELEDA (ÁVILA)
http://shikillofestival.es/

SONORAMA RIBERA - ARANDA DE DUERO (BURGOS)
http://sonorama-aranda.com/
Organiza: Asociación Cultural Art de Troya

CATALUÑA

ARTENOU - BARCELONA
626 705 869
javidoblas@artenou.com
http://www.artenou.com/
Organiza: Xtrarradio Music Fest / La Cápsula del Tiempo

BARCELONA BEACH FESTIVAL - BARCELONA
http://bcnbeachfestival.com/
Organiza: Live Nation Barcelona

BE PROG! MY FRIEND - BARCELONA
info@beprogmyfriend.com
http://beprogmyfriend.com
Organiza: Madness Live Productions / NMC Nothern Music Co

BIORITME - VILANOA DE SAU (BARCELONA)
info@festivalbioritmo.org
http://www.bioritmefestival.org/

BONA NIT BCN - BARCELONA
hola@bonanitbarcelona.es
http://bonanitbarcelona.es/

CAP ROIG - GERONA
info@caproigfestival.com
http://www.caproigfestival.com/
Organiza: Clipper's Live

CRUÏLLA BARCELONA
festival@cruillabarcelona.com
http://www.cruillabarcelona.com/

DGTL BARCELONA
http://dgtl.es

EMBASSA'T - SABADELL
info@embassat.com
http://www.embassat.com/

HARD ROCK RISING - BARCELONA
http://www.hardrockrising.com/
Organiza: Hard Rock International / Live Nation

FESTIVAL JARDINS DE PEDRALBES - BARCELONA
933 63 25 10
consultas@concertstudio.com
http://www.festivalpedralbes.com/
Organiza: Concert Studio

MERCAT DE MÚSICA VIVA DE VIC - VIC (BARCELONA)
http://www.mmvv.cat

PALMFEST - L'HOSPITALET DE L'INFANT (TARRAGONA)
http://palmfest.es/

FESTIVAL CASTELL DE PERALADA - PERALADA (GIRONA)
935 038 646
infofestival@festivalperalada.com
http://www.festivalperalada.com/
Organiza: Associació Cultural Castell de Peralada

POPARB - ARBÚCIES (GIRONA)
http://www.poparb.cat/
Organiza: Cultura Dispersa / Ayuntament d'Arbúcies

PRIMAVERA SOUND - BARCELONA
933 010 090
info@primaverasound.com
https://www.primaverasound.com/

ROCK FEST BCN - SANTA COLOMA DE GRAMENET (BARCELONA)
93 322 99 80
info@rockfestbarcelona.com / info@rocknrock.com
http://rockfestbarcelona.com/
Organiza: Producciones Rocknrock

SÓNAR - BARCELONA
sonar@sonar.es
https://sonar.es
Organiza: Advanced Music

TWINPALM - L'HOSPITALET DE L'INFANT (TARRAGONA)
http://palmfest.es/

VIDA - VILANOVA I LA GELTRÚ (BARCELONA)
info@vidafestival.com
http://www.es.vidafestival.com/
Organiza: Sitback Produccions

EUSKADI

AZKENA ROCK - VITORIA
info@lasttour.net
http://azkenarockfestival.com/
Organiza: Last Tour

BILBAO BBK LIVE
info@lasttour.net
http://www.bilbaobbklive.com/
Organiza: Last Tour

BIME - BILBAO
info@bime.net
http://www.bime.net/
Organiza: Last Tour

EXPOGROW - IRÚN (GUIPÚZCOA)
958 255 116 / 648 94 71 38
zoila@expogrow.net
www.expogrow.net

IIEINEKEN JAZZALDIA - SAN SEBASTIÁN
prensajazz@donostia.org
http://heinekenjazzaldia.com/
Organiza: Donostia Kultura

IRÚN ROCK
irunrock@gmail.com / menofroc-kmusikaelkartea@gmail.com
http://irunrockjaialdia.blogspot.com.es
Organiza: Men Of Rock Musika Elkartea

KRISTONFEST - BILBAO
info@noiseontour.com
http://www.kristonfest.com/
Organiza: Noise On Tour

KUTXA KULTUR FESTIBALA - DONOSTIA
info@lasttour.net

http://www.igeldofestibala.com/
Organiza: Last Tour

MAZ BASAURI - BASAURI (VIZCAYA)
info@mazbasauri.com
http://www.mazbasauri.com/
Organiza: Biba!

EXTREMADURA

ACÚSTICOS AL FRESQUITO - MONTERRUBIO DE LA SERENA (BADAJOZ)
627 82 10 03
josecarlos_lhr4@hotmail.com

CONTEMPOPRÁNEA - BADAJOZ
organizacion@contempopranea.com
http://www.contempopranea.com/

FESTIVAL EUROPA SUR - CÁCERES
http://www.festivaleuropasur.com/

FOLK PLASENCIA - PLASENCIA
649 604 526
tinisaquete@gmail.com
http://folkplasencia.com/
Organiza: Ayuntamiento de Plasencia

GRANIROCK - QUINTANA DE LA SERENA (BADAJOZ)
hola@granirock.es
http://granirock.es/
Organiza: Ayuntamiento de Quintana de la Serena

MAYORGA ROCK FEST - PLASENCIA
http://www.mayorgarock.com/
Organiza: Amantesdementes / Piñata

SUBEROCK - SAN VICENTE DE ALCÁNTARA (BADAJOZ)
http://suberock.com/

GALICIA

DERRAME ROCK - ORENSE
info@festivalderramerock.com
http://www.festivalderramerock.com/
Organiza: Concello de Ourense / Santo Grial Producciones

OSA DO MAR - BURELA (GALICIA)
booking@osadomar.com
http://www.osadomar.com/
Organiza: Fanto Fantini / Concello de Burela

PORTAMÉRICA - PORTO DO MOLLE (VIGO)
info@portamerica.es
http://portamerica.es/

RESURRECTION - VIVERO (LUGO)
contact@resurrectionfest.es
https://www.resurrectionfest.es/

ISLAS BALEARES

IBIZA ROCKS
http://www.ibizarocks.com/

LA RIOJA

FARDELEJ - ARNEDO (LA RIOJA)
637 457 987
festival@fardelej.com
http://www.fardelej.com/

MADRID

4EVERY - EL ÁLAMO (MADRID)
910 703 873
http://4every1festival.com/
Organiza: Music World Events

A SUMMER STORY - ARGANDA DEL REY (MADRID)
http://asummerstory.com/

CULTURA INQUIETA - GETAFE (MADRID)
festival@culturainquieta.com
http://festival.culturainquieta.com/
Organiza: Cultura Inquieta

DCODE - MADRID
info@dcodefest.com
http://dcodefest.com/
Organiza: Live Nation / Planet Events

MADGARDEN - MADRID
info@madgardenfestival.com
http://www.madgardenfestival.com/

MULAFEST - MADRID
info.mulafest@mulared.org
http://www.mulafest.com/
Organiza: Mulared / IFEMA

RIVAS ROCK - RIVAS-VACIA-MADRID (MADRID)
https://www.facebook.com/rivas-rockfestival
Organiza: Bola 9

SOUND ISIDRO - MADRID
info@soundisidro.es
http://www.soundisidro.es/

MURCIA

LA MAR DE MÚSICAS - CARTAGENA
968 12 88 13
mmusicas@ayto-cartagena.es
http://www.lamardemusicas.com/
Organiza: Ayuntamiento de Cartagena

NAVARRA

FLAMENCO ON FIRE - PAMPLONA
info@flamencoonfire.org
http://www.flamencoonfire.org/
Organiza: Fundación Flamenco On Fire

GRADUAL - MURCHANTE (NAVARRA)
info@festivalgradual.com
http://www.festivalgradual.com/

TRES SESENTA - PAMPLONA
info@tressesentafestival.es
http://tressesentafestival.es/
Organiza: Esmerarte / Get In / In-&Out

VALENCIA

ARENAL SOUND - BURRIANA (CASTELLÓN)
info@arenalsound.com
http://www.arenalsound.com/
Organiza: IMusic Festival

ASPESUENA - ASPE (ALICANTE)
http://www.facebook.com/festiva-laspesuena

ELECTROSPLASH - VINARÒS (CASTELLÓN)
hola@electrosplash.com
http://electrosplash.com/

EMDIV MUSIC - ELDA (ALICANTE)
info@emdivmusic.es
http://www.emdivmusic.com/

FESTIVAL DE LES ARTS - VALENCIA
info@festivaldelesarts.com
http://www.festivaldelesarts.com/
Organiza: House of Music Festivals

FIB - BENICÀSSIM (CASTELLÓN)
http://fiberfib.com/
Organiza: Maraworld

IBOGA SUMMER - TAVERNES DE LA VALLDIGNA
info@ibogasummerfestival.com
http://www.ibogasummerfestival.com/

LEYENDAS DEL ROCK - VILLENA (ALICANTE)
info@leyendasdelrockfestival.com
http://www.leyendasdelrockfestival.com/
Organiza: Sufriendo & Gozando

LOW FESTIVAL - BENIDORM (ALICANTE)
info@lowfestival.es
http://lowfestival.es/
Organiza: Producciones Baltimore

MONTGOROCK - JÁVEA (ALICANTE)
http://www.montgorock.es

ROTOTOM SUNSPLASH - BENICÀSSIM
964 305 220
rototom@rototom.com
http://www.rototomsunsplash.com/

AGENCIAS DE MANAGEMENT

2GIRAS MANAGEMENT
925 622 999
raquel.lopez@2giras.com
http://www.2giras.com/

BMD MUSICA
650165079 / 650803069
inigo@bmdmusica.com
http://www.bmdmusica.com

BUENRITMO PRODUCCIONES
93 269 03 74
http://www.buenritmo.es/

BUHO MANAGEMENT
914 500 055
buho@buhomanagement.com
http://www.buhomanagement.com

CHESAPIK
info@chesapik.com
http://www.chesapik.com/

EMERGE M&C
91 757 26 47

contratacion@emergeproduc-
ciones.com (Marisa)
http://www.emergeproducciones.
com

GET IN
943 316911
getin@getin.es
http://www.getin.es/

GIG'N'TIK MUSIC
915 219 006 / 678 698 638
info@gigntik.com
http://www.gigntik.com/

GO PRODUCCIONES
info@go-producciones.com
http://www.go-producciones.
com/

HEART OF GOLD
913 65 00 86
david@heartofgold.es / cristina@
heartofgold.es
http://www.heartofgold.es

HOOK MANAGEMENT
913 53 16 00
info@hookmanagement.net
www.hookmanagement.net

LA AGENCIA MUSIC
943 340 061
contratacion@laagenciamusic.es
http://laagenciamusic.es/

PINK HOUSE MANAGEMENT
953744731
info@pinkhousemanagement.
com / ernesto@pinkhousemana-
gement.com
http://pinkhousemanagement.
com/

MUSIC BUS
93 320 82 92 / 93 356 80 13
info@musicbus.es / josemanuel@
musicbus.es
http://www.musicbus.es

**SPANISH BOMBS MANAGE-
MENT**
914 29 56 79
spanishbombs@spanishbombs.
com
http://www.spanishbombs.com/

WILD PUNK
958 25 02 49 / 958 252 413
novi@wildpunk.com
http://www.wildpunk.com/

DISCOGRÁFICAS

AVISPA
91 4504545
http://www.avispamusic.com
avispa@avispamusic.com

BCORE DISC
934 197 883
bcore@bcoredisc.com

BELL MUSIC
91 5260780
http://www.bellmusic.org

BLANCO Y NEGRO MUSIC
93 2254400
mail@blancoynegro.com
http://www.blancoynegro.com

CARLITO RECORDS
917334612
ivan@carlitorecords.com
http://www.carlitorecords.com

CLICK-ON MUSIC PUBLIS-HING SPAIN
918107948
http://www.click-onmusic.com

COCO CLICO PRODUCCIO-NES
620834406
secretaria@mariaaguado.com
http://www.mariaaguado.com

CONTRASEÑA RECORDS
96 3832290
mail@contrasena.com
http://www.contrasena.com

CULTURA SONORA
jgomez@ventilador-music.com
http://www.ventilador-music.com

DEUVEDE MUSIC
937952367
carmina.puig@deuvedemusic.com
www.deuvedemusic.com

DISCMEDI
932 849 516
http://discmedi.com/

DISCOS LOLLIPOP
609213527
lollipop@lollpop.es
http://www.lollipop.es/

DISTROLUX MUNSTER
91 531 36 09
http://munster-records.com/

EL VOLCAN PRODUCCIONES MUSICALES
91 5912756
pichente@elvolcanmusica.com
http://www.elvolcanmusica.com/

EL GENIO EQUIVOCADO
info@elgenioequivocado.com
http://www.elgenioequivocado.com/

ELEFANT RECORDS, S.L.
91 8594227
elefant@elefant.com
http://www.elefant.com

ERNIE PRODUCCIONES
986 767 419
info@ernieproducciones.com
http://ernieproducciones.com/

EUREKA DISCOS
670 600 664
djvallellano@yahoo.es
http://eureka-music.com/

EVERLASTING RECORDS
http://www.everlastingrecords.
com/

FONOGRAFICA DEL SUR
95 5867844
http://www.fodsrecords.com
fodsrecords@fodsrecords.com

GAUA
946 156 284 / 607 02 05 08
gauapro@gmail.com
http://www.gaua.net

GAZTELUPEKO HOTSAK
943 753 016
gaztelupeko@hotsak.com
http://www.hotsak.com/

GLOBOMEDIA
http://www.globomedia.es/

GOR DISCOS
948-151815
gordiskak@yahoo.es
http://www.gordiscos.com

DISCOS NECESARIOS
91 7240327
info@discosnecesarios.com
http://www.discosnecesarios.com

IMPERMEABLE PRODUCCIO-NES
info@impermeableproducciones.
com
http://www.impermeableproduc-
ciones.com/

KASBA MUSIC
93 3304253
info@kasbamusic.com
http://www.kasbamusic.com

LEIMA PRODUCCIONES
96 3701145
info@leima.com
http://www.leima.com/

LOLA RECORDS MUSIC COM-PANY
915152834
cesar.parejo@lolarecords.com
http://www.lolarecords.com

LOVEMONK
91 531 53 65
hola@lovemonk.net
http://lovemonk.net/

M2 MUSIC GROUP
699961176
m2musicgroup@yahoo.es
http://www.m2musicgroup.es/

THE NOTE COMPANY
911423390
info@thenotecompany.es
http://thenotecompany.es/

MONDEGREEN RECORDS
https://www.facebook.com/mon-
degreenrecords/

I*M RECORDS
cristina@intromusica.com / maxi-
mo@intromusica.com
http://www.intromusica.com/

MUSHROM PILLOW MUSIC
915 31 91 30
info@mushroompillow.com
http://www.mushroompillow.com/

SIESTA
915 48 11 41
info@siesta.es
http://www.siesta.es/

MUSIC CREATIVOS
93 3208292
musicbus@musicbus.biz
http://www.musicbus.biz

NUBA RECORDS KARONTE
913 458 626
karonte@karonte.com

NUEVOS MEDIOS
91 532 67 80
info@nmedios.com
http://nuevosmediosmusica.com/

OÍDO RECORDS
910 12 57 94
https://www.facebook.com/oidorecords/

OUVIRMOS
609242112
http://www.ouvirmos.com
aldea@ouvirmos.com

PEP'S RECORDS, S.L.
91 5152834
http://www.pepsrecords.com
cesar.parejo@pepsrecords.es

PIAS IBERIA & LATIN AMERICA
917 581 990 / 917 581 400
iberia@pias.com
http://www.pias.com/

PRODUCCIONES AR
91 5095550
produccionesar@produccionesar.com
http://www.produccionesar.com

PRIMAVERA SOUND - EL SEGELL
93 301 00 90
http://www.elsegell.com/

PRODUCCIONS BLAU
971 71 33 16
http://www.produccionsblau.com/

PRODUCCIONES SET MANAGEMENT
93 4373193
Email: info@psm-music.com
www.psm-music.com

RGB MUSIC
info@rgb.cat
http://www.rgb.cat

RLM - SIN ANESTESIA
carla.varona@rlm.es
http://www.rlm.es/

ROSTER MUSIC
934180650
rostermusic@rostermusic.com
http://www.rostermusic.com

SONIDO MUCHACHO
luis@sonidomuchacho.com
http://www.sonidomuchacho.com

SONIFOLK
91 4311279
sonifolk@sonifolk.com
http://www.sonifolk.com

**SONY MUSIC ENTERTAIN-
MENT ESPAÑA**
91 3880002
http://www.sonymusic.es/

SQUAD MUSIC
96 2026880
info@squad-music.com
http://www.squad-music.com

SUBTERFUGE RECORDS
91 7000036
subterfuge@subterfuge.com
http://www.subterfuge.com

TAM TAM MEDIA
93 6689131
tam-tam@tam-tammedia.com
http://www.tam-tammedia.com

UNIVERSAL MUSIC SPAIN
91 7445500
mercedes.estirado@umusic.com
http://www.universalmusic.es

ROOTSOUND
652 11 44 09
info@rootsound.com
http://www.rootsound.com/

SONES
936 24 12 33
info@sones.es
http://www.sones.es/

WARNER MUSIC SPAIN
91 7454200
susana.gil@warnermusic.com
http://www.warnermusic.es

WE LOVE ASERE
937131034
info@aseremusic.com
http://www.aseremusic.com/

WE ARE WOLVES RECORDS
info@wearewolves.es
http://wearewolves.es/

MATAPADRE
881 976 616
ivan@matapadre.es

YOUKALI MUSIC
914683861
thomas@youkalimusic.com
http://youkalimusic.com/

ZOUMA PRODUCCIONES
988 240248
info@zoumarecords.com
http://www.zoumarecords.com

MEDIOS CON CONTENIDOS SOBRE ARTISTAS EMERGENTES

RADIOS

BI FM
http://www.bifmradio.com/

CAPITÁN DEMO (RADIO 3)
capitandemo@rtve.es
http://blog.rtve.es/capitandemo/

FEEDBACK ROCK (CANAL EXTREMADURA)
feedbackrock@canalextremadura.es
http://www.canalextremadura.es/

COMUNIDAD SONORA (ARAGÓN RADIO)
comunidadsonora@aragonradio.es
http://www.aragonradio.es/

ONDA POP (ONDA MADRID)
http://www.telemadrid.es/onda-pop

RADIO GLADYS PALMERA
http://gladyspalmera.com/

SCANNER FM
http://www.scannerfm.com/

WEBS

ALQUIMIA SONORA
contacto@alquimiasonora.com
http://www.alquimiasonora.com/

BINAURAL.ES
pablo@binaural.es
http://www.binaural.es/

DOD MAGAZINE
http://www.dodmagazine.es/

EFE EME
redaccion@efeeme.com
http://www.efeeme.com/

EL PERFIL DE LA TOSTADA
info@elperfildelatostada.com
http://www.elperfildelatostada.com/

EL UKELELE
comunicacion@elukelele.com
http://elukelele.com/

HIPERSONICA
http://www.hipersonica.com/

INDIENAUTA
http://www.indienauta.com/

INSONORO
insonoro@insonoro.com
http://www.insonoro.com/

JENESAISPOP
info@jenesaispop.com
http://jenesaispop.com/

MANERAS DE VIVIR
info@manerasdevivir.com
http://www.manerasdevivir.com/

MUSICOPOLIS
contacto@musicopolis.es
www.musicopolis.es/

MUZIKALIA
mzk@muzikalia.com
http://muzikalia.com/

SONICWAVE MAGAZINE
http://www.sonicwavemagazine.
com/

REVISTAS

LA HEAVY
bandas@mariskalrock.com
http://mariskalrock.com/

LH MAGAZIN
http://www.lhmagazin.com/

MONDO SONORO
mondo@mondosonoro.com
http://www.mondosonoro.com/

POPULAR 1
http://www.popular1.com/

ROCKDELUX
info@rockdelux.com
http://www.rockdelux.com/

ROCKZONE
rockzone@rockzone.com.es

http://rockzone.com.es/

ROCK ESTATAL
rockestatal@rockestatal.com
http://www.rockestatal.com/

RUTA 66
ruta66ruta@yahoo.com
http://www.ruta66.es/

THIS IS ROCK
info@thisisrock.net
http://thisisrock.net/

LISTADOS ONLINE DE CONCURSOS MUSICALES

1ARTE.COM
http://www.1arte.com/concursos.
php

ATIZA.COM
http://www.atiza.com

CONCURSOS MUSICALES
http://www.concursosmusicales.
com/

DOCENOTAS.COM
http://www.docenotas.com/

INDYROCK MUSIC MAGAZINE
http://www.indyrock.es/

PROMOCIÓN MUSICAL
http://promocionmusical.es/

BIBLIOGRAFÍA

APM. *Anuario de la Música en Vivo*, APM Asociación de Promotores Musicales, 2015.

BOE, *Texto Refundido de la Ley de Propiedad Intelectual*, BOE num. 97. 1/1996. BOE num 268.11/2014

CALVO SERRALLER , FRANCISCO. *Ganarse la vida en el arte, la literatura y la música*, Galaxia Gutenberg, 2012

CARAVACA FERNÁNDEZ, RUBÉN. *La gestión de las músicas actuales*, AECID, 2013

CÁRDENAS LAFUENTE, ANA MARÍA / JORDÁN LÓPEZ , YOLANDA VICTORIA. "1, 2, 3...¡Música! : iniciación musical". CCS, Editorial, 2014.

COLL I RODRÍGUEZ, JOSEP. "Manual de supervivencia". Asesoría Jurídica de las Artes Ediciones, 2007

DANS, E. *Todo va a cambiar*, Deusto, 2010.

DARLEY, A. *Cultura visual digital*, Barcelona, Paidós, 2002.

DÍAZ DEL RÍO, ANA. *Content is the new black*, Marketiniana, 2014

DUBBER, ANDREW. *Las 20 cosas que debes saber sobre la música online*, New Music Strategies, 2007

ENCABO VERA, MIGUEL ANGEL. *Las obligaciones del editor musical*, Reus, 2002.

FRITH, S. *La otra historia del rock*, Ediciones Robinbook, 2006.

GÓMEZ DE LA IGLESIA, ROBERTO. *Manual práctica para la búsqueda de patrocinio*, Universidad de Cádiz, 2010.

GUSTEMS CARNICER, JOSEP. *Música y audición en los géneros audiovisuales*, Publicacions i Edicions de la Universitat de Barcelona, 2014.

HORMIGOS, J.R. *Música y sociedad*, Ediciones Autor, Madrid, 2008.

IFPI. *Investing In Music*, 2014.

IFPI. *Digital Music Report 2015*, 2015.

IFPI. *Recording Industry in Numbers*, 2015

LETAI, PEDRO. *La infracción de derechos de propiedad intelectual sobre la obra musical en Internet*, Universidad Autónoma de Madrid. Facultad de Derecho, 2012

NIELSEN, *2015 Nielsen Music U.S. Report*, The Nielsen Company, 2016

MARIÑAS, J.A. *Journalists, companies and institutions, the key of a necessary relationship*, Universia Business Review, 2007.

POTTER, D.M. *People of Plenty*, University of Chicago, Chicago, 1954

PROMUSICAE, *Libro blanco de la música en España*, 2013

SGAE. *Anuario SGAE de las artes escénicas, musicales y audiovisuales 2015*, Fundación SGAE, 2015.

SUSAETA, PAULA / TRINIDAD, PACO. *El negocio de la música (Vol. 1)*, Fundación Autor, 2005.

SUSAETA, PAULA / TRINIDAD, PACO. *El negocio de la música (Vol. 2)*, Fundación Autor, 2005.

THE COCKTAIL ANALISYS. *VII Observatorio Redes Sociales*, 2015.

TORRES OSUNA, CRISTIAN MANUEL. *In Estéreo. La industria de la música actual, valor económico y social: El caso México*, Fragua, 2014

AGRADECIMIENTOS

Quiero agradecer a todas las personas que me han ayudado en la elaboración de este libro.

A Javier Portugués, músico, autor y A&R de la discográfica Sony Music. A Santiago Ricart, A&R de la editorial musical Sony ATV. A Javier Olmedo, gerente de La Noche en Vivo (asociación de salas de espectáculos de la Comunidad de Madrid). A Alfons Serra, de la distribuidora digital La Cúpula Music. A Meritxell Closa, directora jurídica de DAMA. A Paul Rivas, abogado de Gallego Rivas especializado en propiedad intelectual.

A Iñigo Mediavilla, mánager y programador del mítico Café La Palma de Madrid. A Adolfo Arauz y Ángela S.M, de la sala Búho Real. A Miguel Peira, mánager de Freedonia. Al mánager Kike del Toro.

Al guitarrista clásico Rafael Aguirre, uno de los concertistas españoles con mayor proyección internacional, con el que tengo la suerte de compartir una amistad de largos años. Al baterista Antonio Carlos Miñán, con el que he podido compartir buenos momentos dentro del estudio de grabación y fuera de él. Al músico y emprendedor Raúl Benítez, que además de darme buenas pistas acerca de cómo funcionan los circuitos de versiones y de repertorio propio, es una de las personas que más empeño dedica a situar la escena musical costasoleña en el lugar de reconocimiento que se merece.

Y, cómo no, al guitarrista Carlos Vicent y al pianista Juan Sebastián, grandísimos músicos y docentes.

A todos ellos muchísimas gracias.

David Little
davidlittle.es

CÓMO POTENCIAR LA INTELIGENCIA DE LOS NIÑOS CON LA MÚSICA

Joan M. Martí

La música estimula las capacidades de ambos hemisferios en el cerebro, potenciando globalmente las habilidades de los niños a través del aprendizaje musical. Es, por tanto, una herramienta transversal para el aprendizaje de todo tipo de materias.

Está demostrado que hay una relación directa entre una temprana educación musical y el crecimiento cognitivo de materias como las matemáticas, los idiomas o las ciencias naturales. La inteligencia musical puede manifestarse desde muy temprano, tan sólo es necesario que padres y educadores apoyen el interés musical de los niños de una manera cálida, afectuosa y amable. Este libro ofrece una serie de recursos prácticos para desarrollar en el aula o en casa con el fin de mejorar la educación de los niños en cualquier ámbito.

SER MÚSICO Y DISFRUTAR DE LA VIDA

Joan M. Martí

La música expresa sentimientos, circunstancias, pensamientos o ideas. El arte de las musas es un noble estímulo que hace que la gente baile, cante, escuche con atención o se emocione profundamente. Quien se encarga de transmitir todas estas sensaciones es el músico y este libro trata sobre todo aquello que envuelve su vida: su relación con el profesor, con su familia, con su pareja y también con su instrumento.

¿Cómo vive una actuación un músico? ¿Disfruta, se agobia, la padece? ¿Qué actitud debe tener un músico con sus maestros? ¿Cómo es la relación con su pareja? ¿Qué significa ser músico en nuestra sociedad?

EL MIEDO ESCÉNICO

Anna Cester

Muchos cantantes, bailarines, actores, músicos... ya sean amateurs, estudiantes o grandes intérpretes afirman que la ansiedad escénica les afecta negativamente, disminuyendo su rendimiento y la calidad de su actuación. Es un hecho evidente que el trac no es selectivo, nos afecta a todos en mayor o menor intensidad.

El objetivo principal de este libro es ofrecer al lector conocimientos y habilidades en la preparación para actuar ante público, así como recursos para afrontar la ansiedad escénica sin que ésta interfiera en su buena interpretación

En la misma colección Ma Non Troppo / Taller de:

Taller de música:

Cómo potenciar la inteligencia de los niños con la música - *Joan Maria Martí*

Ser músico y disfrutar de la vida - *Joan Maria Martí*

Cómo preparar con éxito un concierto o audición - *Rafael García*

Técnica Alexander para músicos - *Rafael García*

Musicoterapia - *Gabriel Pereyra*

Cómo vivir sin dolor si eres músico - *Ana Velázquez*

El lenguaje musical - *Josep Jofré i Fradera*

Mejore su técnica de piano - *John Meffen*

Guía práctica para cantar - *Isabel Villagar*

Técnicas maestras de piano - *Stewart Gordon*

Taller de teatro:

El miedo escénico - *Anna Cester*

La expresión corporal - *Jacques Choque*

Cómo montar un espectáculo teatral - *Miguel Casamayor y Mercè Sarrias*

Manual del actor - *Andrés Vicente*

Guía práctica de ilusionismo - *Hausson*

El arte de los monólogos cómicos - *Gabriel Córdoba*

Taller de escritura:

El escritor sin fronteras - *Mariano José Vázquez Alonso*

La novela corta y el relato breve - *Mariano José Vázquez Alonso*

Cómo escribir el guión que necesitas - *Miguel Casamayor y Mercè Sarrias*

Taller de comunicación:

Periodismo en internet - *Gabriel Jaraba*

Youtuber - *Gabriel Jaraba*